テレワークで働くチームの信頼を深めるコミュニケーション術

新西誠人
SHINNISHI Makoto

多摩大学出版会

はじめに

　皆さんは、顔も名前も知らない人たちとチームを組んで何かを成し遂げたことがありますか？　現代では、インターネットを通じて遠く離れた人々と協力する機会が増えています。しかし、見知らぬ人同士がどのように信頼関係を築くのか、不思議に思ったことはありませんか？

　情報通信技術の進展と共に、チームが離れて仕事をするテレワークが行われるようになってきました。そして、新型コロナウイルスの感染拡大は、テレワークによる働き方を促進しました。一方で、テレワークだと対面では当たり前にできていた雑談などができなくなり、さらには、生産性も落ちるともいわれるようになりました。

　本書は、匿名の状態から信頼を育むコミュニケーションの方法について探求します。筆者が大学院の博士課程に在籍していた時、オンラインでつながっているチームメンバー同士で交わされるメッセージをすべて取得し、詳細に分析することで、どのようなコミュニケーションが信頼を生み出すのかを研究しました。その研究結果をまとめた博士論文を基に、本書籍は執筆されました。

　この研究では、テレワークを行う人がチームを組んで行う仕事で交わされる実際のコミュニケーションログを直接分析することで、より客観的で正確なデータを得て分析しました。また、数字だけでは見えない部分を理解するために、メッセージの内容やニュアンスを含めた質的な分析を行い、テレワークのコミュニケーションと信頼の関係を明らかにしようとしたものです。

　どのようにして、これを行うことができたのでしょうか。詳しい方法は、本文をお読みいただくとして、簡単にいうと、クラウドソーシングを

活用して実験に参加してもらう人々を募集しました。これにより、実際にリモートで働くフリーランスの協力を得ることができ、現実の働き方に即した形での研究が可能となりました。チームの構成もこちらで調整することで、もともとの信頼しやすさといった要因をコントロールし、公平な条件での比較を実現しました。

　さらに、1回きりのチーム作業ではなく、同じチームメンバーで継続的に作業してもらうことで、時間の経過による信頼感やコミュニケーションの変化も追跡しました。これにより、最初は匿名で他人同士だった人々が、どのようにして強いチームとなっていくのか、そのプロセスを詳細に知ることができました。

　この研究を通じて得られた知見は、リモートワークやオンラインでの共同作業が増えるこれからの時代において、きっと皆さんのお役に立つことでしょう。本書では、そのコツをわかりやすくお伝えします。

本書の取り扱う範囲

　本研究では、対価を受けて作業を行うワーカーを実験対象とし、ゼロスタートで匿名の分散チームを構成し、共同でタスクを遂行させました。タスク遂行中に発生するメッセージのログやシステムなどへのログインをしているかどうかのプレゼンス情報を完全に取得し、分析することで、どのように信頼が構築されるかを定量的に検証します。

　チーム作業においては、信頼構築に影響を与える要素として、メッセージ以外にも、メンバーの貢献度や成果物の評価なども考えられます。しかし、本書では、分散チームにおける信頼構築のコミュニケーションに焦点を当てているため、これらの要素は本書の範囲外とします。

　また、本書で対象とするメッセージはテキストメッセージのみとします。ビデオや電話でのコミュニケーションには、内容だけでなくジェスチャーや間、トーンなども含まれ、それらを分析するには複雑性が増加します。そのため、分析の対象をテキストメッセージに限定し、より明確な結果を得ることを目指します。

　本書の元となった博士論文は2019年12月に発行されたものです。つまり、新型コロナウイルスの感染拡大前に実験を行い、執筆されたものを元にしています。そのため、テレワークやビデオ通話が当たり前になった現在とは、実験参加者の意識やスキルの向上が起こっている可能性があります。

目　次

はじめに ……………………………………………………………… 3
本書の取り扱う範囲 ………………………………………………… 5

1　テレワークとは何か …………………………………………… 11
 1　テレワークとは ……………………………………………… 12
 2　テレワークと分散チーム …………………………………… 13
 3　テレワークの分類 …………………………………………… 15
 4　本書の研究の特徴 …………………………………………… 17

2　これまで行われてきた研究 …………………………………… 19
 1　チームについての研究 ……………………………………… 20
 2　分散チームについての研究 ………………………………… 22
  分散チームの研究における課題 …………………………… 23
 3　信頼に関する研究 …………………………………………… 25
  信頼の効用 …………………………………………………… 26
  迅速な信頼（Swift Trust）に関する研究 ………………… 27
  産業・組織心理学における信頼 …………………………… 28
  一般的信頼に関する研究 …………………………………… 29
  本研究における信頼の定義 ………………………………… 30
  信頼を構成する要素とコミュニケーション ……………… 30
 4　オンラインとオフラインの違い …………………………… 31
  分散チームにおけるオフラインの重要性 ………………… 33
  オンラインにおける信頼に関する研究 …………………… 34
  分散チームにおける信頼の研究 …………………………… 36

3 研究方法 ………… 39

1 実験の方針 ………… 40
完全なコミュニケーションデータの取得 ………… 40
信頼の測定 ………… 40
実験参加者の選定 ………… 40
チーム構成 ………… 41
パイロット実験の実施 ………… 42

2 完全なコミュニケーションデータの取得 ………… 42
GMSS ………… 42
C-WORK ………… 43

3 信頼の測定 ………… 45
一般的信頼 ………… 47

4 実験参加者の選定 ………… 47
実験参加者に関する課題 ………… 47
実験参加者の募集 ………… 49

5 チーム構成と実験の概要 ………… 51
チーム作業 ………… 52
実験 a ………… 53
実験 b ………… 54
実験 c ………… 55

6 分析手法 ………… 55
t 検定 ………… 56
相関分析 ………… 56
共分散構造解析 ………… 57
メッセージ全体の質的評価 ………… 57

4 実験結果 ……………………………………………………… 59

1 実験結果 …………………………………………………… 60
信頼の分析 ………………………………………………… 60
メッセージデータの分析 ………………………………… 61

2 コミュニケーションはどう信頼に関係するのか ……… 61
コミュニケーションに関する研究 ……………………… 62
メッセージの内容による分類 …………………………… 66

3 ポジティブなコミュニケーションが信頼を醸成するのか …… 69
ポジティブなメッセージは信頼に関係があるのか …… 70
メッセージの感情分析 …………………………………… 70
メッセージの感情の結果 ………………………………… 71
ポジティブなメッセージと信頼の定量分析 …………… 72

4 プレゼンス情報が信頼を築くのか ……………………… 73
プレゼンス情報の共有と信頼の関係 …………………… 76
プレゼンス情報の取得 …………………………………… 76
プレゼンス情報の共有と信頼の関係の定量分析 ……… 77

5 プレゼンス情報の共有はメッセージ量に関係する …… 78
プレゼンス情報（在席情報）とメッセージの関係の定量分析 …… 78

6 作業の継続で信頼やコミュニケーションに変化が生じる …… 79
継続作業による信頼やコミュニケーションの変化 …… 79
メッセージログによる定性評価の結果 ………………… 83
継続作業における信頼の上下動とメッセージ ………… 84
継続・非継続の比較 ……………………………………… 86

7 インタビューによる分析 ………………………………… 87
インタビュー対象者の選定 ……………………………… 87
インタビューの方法 ……………………………………… 88
インタビューの設計 ……………………………………… 88
実験参加者へのインタビュー …………………………… 89
インタビューの分析 ……………………………………… 91

5　何が信頼に影響を与えるのか　93
1　信頼に影響を与える説明因子について　94
信頼とメッセージの内容との関係についての検証結果　94
2　信頼とメッセージの感情との関係についての検証結果　97
3　信頼とプレゼンス情報との関係についての検証結果　99
4　プレゼンス情報とメッセージの関係についての検証結果　101

6　実験参加者募集方法　105
1　パイロット実験　106
パイロット実験での実験参加者の募集　106
パイロット実験の募集結果　109
パイロット実験から得られた実験遂行上の課題と解決策　109
2　本実験　111
3　本実験（1）　111
本実験（1a）の計画　111
募集結果の概要　114
応募状況　114
本実験（1a）の課題　115
本実験（1b）の計画と実施　116
本実験（1b）で抽出された課題　118
4　本実験（2）　118
本実験（2）の計画　118
本実験（2）の結果　119
本実験（2）の2段階募集における応募者と辞退者の比較　119
5　本実験（3）　120
本実験（3）の設計　120
本実験（3）に共通する項目　121
本実験（3）の結果　123

6	募集時に検討すべき要件	124
	2段階募集	124
	募集文面	125
	募集開始日	125
	タスクの難易度	125

おわりに		127
1	総括	127
2	本研究の新規性と貢献	129
3	発展研究	131
4	本研究の応用	132
	分散チームの管理者	132
	人工知能(AI)による表現の修正	133
	AIによるスケジューリング	133
	コミュニケーションの取り方に関する社員教育	133

1 テレワークとは何か

① テレワークとは

　世界を席巻した新型コロナウイルス感染症（COVID-19）のパンデミック（世界的大流行）は、私たちの生活様式や働き方に劇的な変化をもたらしました。対面での接触による感染拡大を懸念した多くの企業が在宅勤務を急速に導入し、テレワークは一躍、現代社会の新たな働き方として定着しました。

　テレワークは、地理的・時間的な制約を超えて仕事を進めることを可能にし、多様な働き方を実現します。通勤時間の削減や柔軟な勤務時間は、ワークライフバランスの向上につながり、多くの人々にとって魅力的な働き方となっています。

　しかし、対面でのコミュニケーションが減少したことで、チーム内での信頼関係の構築や情報共有に新たな課題が生じました。例えば、互いの状況を把握しづらいため、コミュニケーションの質が低下する傾向があります。

　そのため、新型コロナウイルスを契機に急速に普及したテレワークには、近年批判も増えています。例えば、仕事とプライベートの境界が曖昧になり、長時間労働を強いられるケースや、チームワークやコミュニケーション不足による生産性の低下が指摘されています。また、テレワークによる孤独感やメンタルヘルスも問題となっています。

　これらの問題から、一部の企業では、徐々にオフィスへの回帰が進んでいます。直接顔を合わせることで、コミュニケーションが円滑に進み、チームとしての連携が取りやすくなるというメリットから、ハイブリッドワーク（テレワークとオフィス勤務を組み合わせた働き方）を採用する企業も増えています。

とはいえ、私たちは、インターネットを通じて世界中の人々とつながり、働くことができる時代に生きています。この恩恵を最大限利用しない手はありません。顔を合わせないチームで信頼関係を築くことは簡単なことではありませんが、解決の糸口はあるはずです。本書では、オンライン上で活動するテレワークでどのようにして信頼を築いていくのか、その方法を、コミュニケーションの視点から探っていきます。

筆者は、テレワークで信頼を構築するにはどうしたらよいのだろうかという問題に着目しました。これは、チームで働く事の根本に信頼が必要と考えられるからです。「テレワーク」と一口に言っても、さまざまな形態があります。これについて、次の節で見ていきたいと思います。

❷ テレワークと分散チーム

情報通信技術の発展がテレワークを可能にすると予言したのは、未来学者のアルビン・トフラーです。トフラーは、1980年に出版された「第三の波」で、双方向に映像を配信する実験を例に、テレワークの可能性について言及しています。

インターネットが普及し始めた1990年代から、情報通信機器を使って、遠隔地同士のチームで働く方法についての研究が進んできました。特に、実際に顔を合わせない環境で働くことによる課題が指摘され、多くの研究が行われています。

対面でコミュニケーションを行う場合と、テレワークのみでコミュニケーションを行う場合、信頼についてどんな違いがあるでしょうか。チームメンバーが直接会う場合と比べて、インターネットなどオンラインでのコミュニケーションだけでは信頼関係が築きにくいという研究がありま

す。そのため、テレワークを成功させるためには、実際に会う機会を持つことが重要だという研究も多くあります。しかし、テレワークで仕事をするメリットである「場所や時間に縛られない働き方」を維持するためには、テレワークのままでも信頼関係を築けることが理想です。

　テレワークでは、「他の人がどうしているか」や「仕事の進み具合」など、オフィスで自然に得られる情報が把握しづらいという問題があります。オフィスでは、相手の状況を見て話しかけるかどうかを判断できますが、テレワークではそのような判断が難しく、コミュニケーションをとるタイミングをつかみにくいことがあります。

　また、雑談がしづらくなるという指摘もあります。雑談は、チームメンバー同士がリラックスしてコミュニケーションをとる重要な場でもあります。そのため、テレワークを導入した企業ではビデオ会議やチャットシステムを導入し、オフィスにいるときと同じように情報を共有できる環境を整えるケースが増えています。

　しかし、フリーランスなどが行う、組織に所属しない形でのテレワークでは、そのようなシステムが導入されていることは少ないのが現状です。例えば、企業などがインターネット上で不特定多数に業務を発注する、クラウドソーシングサービスの日本での老舗である「ランサーズ」はビデオ会話機能を提供していますが、これは発注者と受注者が具体的な仕事の内容を確認するためのもので、常に状況を共有するためのものではありません。

　テレワークでの仕事では、直接会って話すことができないため、重要な情報が抜け落ちることがよくあります。これを「手がかりろ過」といいます。すなわち、対面ならば伝わるはずの表情やニュアンス、姿勢などの非言語的な手がかりが「ろ過されて」しまう状況では、欠けている情報を補

うためにメッセージを交換したり、雑談をしたりすることが有効です。さらに、メッセージの中でポジティブな表現を使って、チームの雰囲気をよくすることも考えられます。

実際、チームでの作業では、ポジティブなコミュニケーションが成功につながるという研究があります。ポジティブ感情などを研究しているノースカロライナ大学のバーバラ・フレドリクソン教授の研究では、会議でポジティブな発言が多いチームの方が、より良い結果を生み出すことを主張しています。

 テレワークの分類

ここで、テレワークの分類をしたいと思います。テレワークには、企業に雇われて働く「雇用型テレワーク」と、個人で仕事を受けて働く「自営型テレワーク」の2種類があります。

「雇用型テレワーク」とは、会社に雇用されている人が自宅などで働くスタイルを指します。この2つの大きな違いは、会社との雇用契約があるかどうかです。

もう一方の自営型テレワークとは、フリーランスや個人事業主がインターネットを通じて仕事を受注し、自宅などで業務を行う形態を指します。クラウドソーシングの普及により、この働き方は急速に広がりを見せています。

雇用型テレワークは、企業だけでなく政府も推進しています。例えば、政府は2022年に、2025年までにテレワークを導入する企業を全国で55.2%を目指すとしています。また、雇用型テレワーカーの割合は25%

を目指しています。

　一方で、自営型テレワークも増加しています。代表的な例の一つが、クラウドソーシングです。クラウドソーシングとは、インターネットを通じて仕事を発注する人と受ける人をつなぐ仕組みです。「ランサーズ」の調査によると、日本には約1600万人のフリーランスが存在し、その経済規模は約24兆円に達すると報告されています。

　フリーランスは、「副業として空いた時間に働く人」や「複数の仕事を持つ人」、「独立して仕事をしている人」などに分類されます。多くのフリーランスは人脈を通じて仕事を得ていますが、クラウドソーシングを通じた仕事も増えているとのことです。

　米労働省の調査によると、2022年時点でのアメリカのフリーランス人口は約7040万人であり、労働人口の36%を占めるということです。アメリカのクラウドソーシングサービス「Upwork」は、2027年にはアメリカの労働人口の半分以上がフリーランスになると予想しています。

　専業フリーランスだけでなく、副業での働き手も増えると予想されています。政府は、人口減少や地域活性化に向けて、副業や兼業がしやすい環境づくりを進めています。そのため、副業を許可する企業が増えることにより、クラウドソーシングを活用して副業を行う人々がさらに増加することが期待されています。

　本書の研究では、テレワークの中でもこの「自営型テレワーク」に焦点を当てています。

❹ 本書の研究の特徴

　このように、テレワークは今後、増加することが見込まれます。この地理的に離れた場所で働くメンバーで構成されるチームを本書では「分散チーム」と呼びます。

　では、チームでどのように信頼を構築していけばよいのでしょうか。どのようなコミュニケーションが影響を与えるのでしょうか。本研究では、テキストメッセージの内容や一つ一つの発言の感情（ポジティブさ）、そしてチームメンバーがオンラインかどうかを示す「プレゼンス情報」に注目しました。

　これまでにも、分散チームの信頼構築に関する研究は行われてきました。しかし、多くの研究では実際のコミュニケーションの全てを記録できず、データを細かく分析することが難しかったのです。そこで、本研究は全てのコミュニケーションログを取得し、より詳しい分析を試みました。

　また、従来の研究では学生を対象にすることが多く、実際の労働環境とは異なる点がありました。これに対し、本研究ではクラウドソーシングを活用し、実際に報酬を受け取って働く労働者の方々に協力していただくことで、現実に近い環境での研究を可能にしました。

　本研究では、匿名の初対面同士でチームを組み、複数回の共同作業を行っていただきました。その間の全てのコミュニケーションを記録し、分析することで、信頼構築に役立つコミュニケーションのパターンを明らかにしようと考えました。

　特に、これから増えていく自営業者のテレワークに焦点を当て、その中で得られる知見を皆さんにお届けしたいと思います。

この本を通じて、テレワークでより良いチームを築き、信頼関係を深めるためのヒントを見つけていただければ幸いです。

2 これまで行われてきた研究

本章では、チームにおける信頼構築とコミュニケーションについてのこれまでの研究から解明されていることと、まだ残された課題を明らかにしていきます。まず、チームと信頼、そしてオンライン・オフラインでのコミュニケーションに関する研究を紹介します。その後、分散チームに焦点を当て、信頼の形成に関する先行研究を説明します。そして、これらの研究で行われていないことから、本研究で何を明らかにしようとしているのかについて紹介します。

チームについての研究

　組織がうまく機能するためには、何が必要なのでしょうか。通信会社社長を務め、また経営学者であるチェスター・バーナードは、「コミュニケーション」、「協働しようという意思」、そして「共有された目的」の3つを、組織がうまく機能するために必要なものとしてあげています。これらは、チームが効果的に活動するための基盤といえます。

　まず「コミュニケーション」は、組織のメンバー間で情報や意見を共有するための手段です。効果的なコミュニケーションが行われることで、メンバーは組織の目標や方針を理解し、それに向けた行動を調整することができます。また、コミュニケーションが円滑であるほど、問題の早期発見と解決が可能となり、組織全体の効率が向上します。

　次の「協働しようという意思」は、メンバーが互いに協力し合い、共通の目標に向けて努力する姿勢を指します。この意思が強い組織では、メンバーがそれぞれの役割を理解し、自ら進んで他者をサポートする姿勢が育まれます。この協働の精神により、チームは困難な課題にも柔軟に対応し、高いパフォーマンスを発揮することが可能となります。

最後に「共有された目的」は、組織全体が同じ方向に向かって進むための指針です。共有された目的が明確であれば、メンバーは自分の行動が組織の目標達成にどう貢献するかを理解し、より一体感を持って活動することができます。また、この目的が組織の価値観と一致している場合、メンバーのモチベーションやエンゲージメントを高める効果も期待できます。

　では、チームについてはどのような研究がされているのでしょうか。心理学者であるライス大学のエドゥアルド・サラス教授は、チームを「共通の目標や目的を達成するために、互いに依存し合い、適応的に協力し合う2人以上の人々からなる集団」と定義しています。各メンバーは特定の役割やスキルを持ち、チームの一員である期間は一定の期限があるとされています。この定義の中で重要なのは、チームは固定されたものでなく、動的に変化し、相互に依存する関係で成り立っている点です。

　心理学者であるオレゴン大学のホーリー・アロー教授は、チームを「仕事に関するゴール」と「社会的な意識付けによるゴール」、そして「外部的な組織者がいるかどうか」という2つの視点から4つの象限に分けています。その中で、外部の組織者がいて仕事に関するゴールを持つチームを「ワークグループ」と呼び、このワークグループはさらに3つに分類されます：

- チーム：長期的に存続し、多様なプロジェクトに取り組む集団。会社の部署やスポーツチームなどがこれに該当します。
- タスクフォース：特定のプロジェクトの完了後に解散することを前提としたグループ。プロジェクトが完了すると役割を終えます。
- クルー：非常に短い期間で特定の任務を遂行し、任務完了後に解散する集団。医療の手術チームや航空機のコクピットクルーなどが例です。

　これらの分類は、チームがどのような目的で、どのような期間にわたっ

て活動するのかを示しており、それぞれのタイプにおいて信頼とコミュニケーションのあり方が異なります。

オールド・ドミニオン大学のテリー・ディッキンソン教授は、チームワークのプロセスをモデル化し、そのすべてのプロセスにおいてコミュニケーションが重要な役割を果たしていると指摘しています。つまり、チームで作業を行う際には、コミュニケーションの質がその成果に直結するのです。

このように、チームの構成や目的によってコミュニケーションの方法や信頼の築き方は変わってきます。

 ## 分散チームについての研究

現代のビジネス環境では、チームメンバーが必ずしも同じ場所にいる必要はなくなっています。人材確保やグローバルな市場への対応といった理由から、地理的・物理的に離れたメンバーがオンラインでコミュニケーションを取り、実質的なチームとして機能することが一般的になってきました。こうした形態のチームは「バーチャルチーム（virtual team）」と呼ばれます。

アイオワ大学のエイミー・クリストフ教授はバーチャルチームを、「一時的で文化的に多様な、地理的に分散し、電子的にコミュニケーションを取るワークグループ」と定義しています。また、執筆家のジェシカ・リプナック氏は、「空間や時間、組織の境界を越えてテクノロジーを使い、共通の目的のために相互依存的に働く人々の集団」と述べています。どちらの定義にも共通しているのは、バーチャルチームがテクノロジーを活用し、時間や場所に縛られずに協力し合うという点です。

本研究では、このバーチャルチームについて、特に「地理的に離れていて、対面で会うことがないメンバー同士が、特定の目的を達成するために電子的なコミュニケーションを行うチーム」と定義します。これは、オンラインで活動することで、物理的な距離を越えて1つのチームとして機能する、新しい形態のチームです。

　また、日本語では「virtual」を「仮想」と訳すため、「バーチャルチーム」は「仮想チーム」とされることがあります。しかし、この表現だと実体のないチームのような印象を与えるかもしれません。しかし、バーチャルチームは実質的に存在する「事実上のチーム」です。そのため、本研究では誤解を避けるために「分散チーム（distributed team）」という表現を使用します。

　分散チームの重要性が増している現代では、オンラインでの信頼構築とコミュニケーションがますます重要となります。続いて、その信頼構築のメカニズムについて、どのような研究がなされてきたのか探っていきます。

▍分散チームの研究における課題
　分散チームの研究にはどのような課題があるのでしょうか。ここでは、2000年代初頭から中盤にかけて発表された分散チームに関するレビュー論文を紹介し、研究の現状と課題を探っていきます。特に、ファースト、パウエル、ヘルテルが著した3つのレビュー論文に注目します。

　まず、これらの論文は、分散チームのモデルに基づいて研究を分類し、それぞれの分野で取り上げられている内容を分析しています。共通して焦点を当てているのは、分散チームの編成、内部のコミュニケーション、そしてチームからのアウトプット（成果）です。

心理学者であるシンシナティ大学のステイシー・ファースト准教授は、ハーバード大学のリチャード・ハックマン教授のモデルを用いて分散チームの構成要素ごとに文献をレビューしています。この研究では、分散チームの増加にもかかわらず、この分野について十分な研究が行われていないことを指摘しています。つまり、実務での需要に対して研究が追いついていない現状があるということです。

　分散チームを研究する南イリノイ大学のアン・パウエル教授は、セントラルフロリダ大学のキャロル・サンダース教授の「ライフサイクルモデル」に基づいて研究を4つの要因に分けてレビューしました。その要因とは、Input（入力）、Socio-emotional process（社会・感情的プロセス）、Task Process（タスクプロセス）、Output（出力）です。パウエルの研究では、分散チームの実験の多くが学生を対象としていること、誰が分散チームに適しているのかについての答えが出ていないこと、信頼に関する長期的な研究が少ないことなどが課題として挙げられています。また、仮想環境におけるチームの適応についても、まだ十分に解明されていないと指摘しています。

　ビジネス心理学者であるミュンスター大学のグイド・ヘルテル教授は、パウエルのモデルに批判的な視点を持ち、独自に5つのフェーズに分類して文献レビューを行いました。ヘルテルは、分散チームに関する研究がまだ少ないことや、ツールのアップデートによってチームの運営方法が変わる可能性があること、またチームマネジャーの役割についてさらなる研究が必要であると指摘しています。

　これらのレビュー論文が共通して提示しているのは、分散チームに関する研究が当時まだ十分に進んでいなかったということです。特に、分散チームがどのように機能するのか、どのように信頼を築くのか、そしてどのようなマネジメントが必要かについての知見が限られています。

❸ 信頼に関する研究

　信頼は、人間関係を築くうえで欠かせない基本的な要素です。この概念は、心理学や社会学の分野で頻繁に取り上げられるだけでなく、機械や人工知能に対する信頼という観点から、理工系の分野でも活発に議論されています。そのため、信頼という言葉は非常に多面的であり、明確な定義を見つけるのが難しいとされています。

　「信頼」について辞書を引くと次のように定義されています。

- ある人や物を高く評価して、すべて任せられるという気持ちをいだくこと。「部下を－する」「－を裏切る」「－性」「－度が高い」「－が置けない」[類義の語に「信用」があるが、「信用」はうそや偽りがなく確かだと信じて疑わない意を表す。それに対して「信頼」は対象を高く評価し、任せられるという気持ちをいだく意を表す](大辞林第三版)
- 信じて頼りにすること。頼りになると信じること。また、その気持ち。「信頼できる人物」「両親の信頼にこたえる」「医学を信頼する」(デジタル大辞泉)
- 信じてたよりとすること。信用してまかせること。(精選版日本国語大辞典)

　信頼に関する研究は、17世紀のイギリスの哲学者ホッブズにまでさかのぼることができます。特に人物に対する信頼については、対象に関する知識や情報に基づいたさまざまな定義が先行研究で示されています。

　ドイツの哲学者であるゲオルグ・ジンメルは、信頼を「知」と「無知」の中間に位置する状態と捉えています。ジンメルによれば、完全に理解しているものに対しては、そもそも信頼する必要がありません。一方、社会学者であるニクラス・ルーマンはジンメルの考えを引用し、不十分な情報

が存在する状況こそ信頼が必要とされると主張しました。この研究ではまた、手持ちの情報を過度に利用する「複雑性の縮減メカニズム」として信頼の機能を分析しています。

さらにロンドン・スクールオブ・ビジネスのアンソニー・ギデンズ名誉教授は、ジンメルの流れを受け継ぎ、信頼にとって最も重要な要素は支配力の欠如ではなく、十分な情報の欠如であると述べています。そして、信頼とは特定の結果や出来事に関して、人やシステムに頼ることができるという確信であると定義しています。また、ギデンズは、人格に対する信頼は、応答と関与からなる相互作用の上に築かれるとしています。

■ 信頼の効用
　信頼が持つ効用については、さまざまな議論があります。例えば、創造的なタスクの解決において、信頼がパフォーマンスに影響を与えるという研究があります。経営学者であるジョージメイソン大学のリチャード・クリモスキー名誉教授らは、4人一組の学生29チームにアイデア創出のタスクを行わせ、アンケートで信頼レベルを測定しました。その結果、高い信頼を持つチームはより多くのアイデアを創出し、逆に信頼が低いチームではアイデアの創出が抑制される傾向が見られたと報告しています。

　信頼がコストの低減につながるという考え方も、経済学や社会学で主張されています。例えば、何か取引を行う際に相手を信頼できない場合、相手についての調査が必要となり、そのためにコストや時間を要することになります。

　また、個人への信頼は市場全体にも影響を与えることがあります。中古車市場の例を見てみると、信頼が損なわれることで市場の質が悪化する現象が観察されています。中古車の売買では、売り手が車に関する情報を持ち、買い手は購入するまでその情報を得られないという情報の非対称性が

存在します。その結果、買い手は車の品質が悪い可能性を考慮し、価格も高品質と低品質の間を取ったものを希望する傾向にあります。この傾向が市場全体に広がると、高品質な車であっても実際よりも安くなければ売れない状況が生まれ、結果として市場には質の悪い車が増えてしまいます。一方、買い手が売り手を信頼できる状況であれば、車に品質相応の価格が設定されるため、市場の健全な発展に寄与します。

　信頼を失うことでコストと時間が増加する例としては、アメリカ同時多発テロ事件以降の航空機搭乗手続きが挙げられます。この事件により乗員、乗客への信頼が低下したため、セキュリティーチェックがより厳密に行われるようになり、機器の導入にかかるコストだけでなく、検査にかかる時間や人手も増加しました。

　さらに、信頼はゲーム理論でも頻繁に議論されてきました。囚人のジレンマを題材にしたシミュレーションでは、繰り返し行われるゲームにおいて協調する方が取引コストを抑えられることが指摘されています。囚人のジレンマとは、個々の利益を追求すると全体の利益が損なわれるという状態です。

　一般に、囚人のジレンマでは一度限りの取引では協調しない方が合理的とされますが、そのような状況でも信頼に基づく協調の可能性が議論されています。関西学院大学の林直保子教授の研究では、信頼のパラメータを変えた100人を用いてコンピューターシミュレーションを行い、高いレベルの信頼が利益をもたらすことを示しています。

■ 迅速な信頼（Swift Trust）に関する研究

　一時的なチームであっても、成功のためには信頼が欠かせません。しかし、匿名の状態でチームメンバーについての知識が全くない場合、相手の能力や意図が未知であるため、信頼を築くのは難しいものです。こうした

状況における信頼の形として、組織学者であるスタンフォード大学のデブラ・マイヤーソン非常勤教授らは「迅速な信頼（Swift Trust）」という概念を提唱しました。

Swift Trust とは、例えば映画の撮影チームなど、期間が限定されるプロジェクトチームで見られる信頼の形です。このような一時的なチームでは、限られた期間内に明確な目標に向かって行動する必要があります。Swift Trust は、これまで述べてきた従来の信頼とは異なる概念です。従来の信頼は、親しみや経験の共有、情報の開示など、時間をかけて築かれるもので、知識や技能に対する信頼が前提とされています。

一方、臨時のチームでは信頼を構築するための時間が十分に取れないことが多くあります。そのため、Swift Trust は、チームが目的を達成するために、信頼がすでに存在しているものとして行動するための信頼と位置づけられています。本研究で取り扱う初期の信頼は、この Swift Trust に該当すると言えるでしょう。

■ 産業・組織心理学における信頼

産業・組織心理学の分野では、信頼に関連する概念として、チームの「社会的関係資本（ソーシャルキャピタル）」や「凝集性」といったものが取り上げられてきました。

政治学者であるハーバード大学のロバート・パットナム教授は、ソーシャル・キャピタルを「信頼、規範、ネットワークといった社会組織の特徴であり、これらは調整された諸活動を活発にすることで社会の効率性を改善できるもの」と定義しています。これは市民活動などからこの定義を導き出しました。一方で、東京工業大学の博士課程の学生であった大塚絵理氏らは企業活動など利益を目的とする組織におけるソーシャル・キャピタルを「人と人との関係性の中で構築される、利益を生む活動を行う元と

なるもの」と定義しています。

　また、集団凝集性については「メンバーを自発的に集団にとどまらせる力の総体」と定義されており、職場や組織のメンバー同士の団結力や一体感を意味します。その要素としては、(1) 集団内の人間関係に対する魅力、(2) 集団の活動に対する魅力、(3) 集団内の人間関係に対する魅力、(4) 集団に所属していること自体の魅力、が挙げられます。

　さらに、信頼に近い概念として「心理的安全性」にも注目が集まっています。心理的安全性とは、「対人関係においてリスクのある行動を取ったとき、その結果に対する個人の認知の仕方、つまり『無知、無能、ネガティブ、邪魔だと思われる可能性のある行動をしても、このチームなら大丈夫だ』と信じられるかどうか」を意味します。これはGoogleが効果的なチームを調査した結果、最も基本となる因子であることが明らかになりました。心理的安全性の概念は、心理学者であるエドガー・シャイン博士と経営学者であるウォーレン・ベニス博士の研究に端を発します。

　心理的安全性と信頼の違いについても議論されています。組織学者であるハーバード大学のエイミー・エドモンドソン教授は、心理的安全性は信頼に比べてより短期的でチーム全体に関わり、焦点が自己に向くものとし、信頼と尊敬が心理的安全性の構成要素であると述べています。一方で、Googleは心理的安全性が相互信頼よりも重要な因子であるとしています。

■ 一般的信頼に関する研究
　「一般的信頼」とは、個人が他人をどれくらい信頼するかを測る尺度のことを指します。これは、「開かれた社会における自立した個人が、他者や人間性全般に対して抱く信頼」と定義されています。簡単に言えば、一般的信頼は、人が他者をどの程度信じやすいかを示す指標として利用できます。

この一般的信頼は、アンケートを用いることで計測することが可能です。アンケートでは、他者への信頼感に関する質問が含まれ、その回答から個人の一般的信頼のレベルを測定します。

■ 本研究における信頼の定義
　信頼には一貫した定義がないものの、本研究で扱う信頼の範囲を決めたいと思います。本研究では、少人数のグループ内での対人信頼に焦点を当てます。ジンメルなどが提唱した、無知から知識に至るプロセスにおける取り扱いや、知識を得ることで変化する期待感や安心感を信頼として捉え、次のように定義します。

　自らが所属するグループ内において、協働過程を経て増減する、仕事を行うための期待感および安心感

　匿名で初対面の場合、相手に関する情報がないため、Swift Trust を除いてチームメンバーへの信頼は形成されにくいと考えられます。しかし、人々一般に対する信頼の度合いや、作業を通じて形成される信頼が関係する場合には、他者に対する信頼が高いメンバーでチームを構成することが、信頼構築の鍵となります。この場合、チーム作業中のコミュニケーションは信頼にそれほど影響を与えないことになります。そこで、本研究では他者への信頼度を示す「一般的信頼」を利用し、その信頼との関係性を測定します。

■ 信頼を構成する要素とコミュニケーション
　信頼は「能力に対する信頼」と「意図に対する信頼」の2つに分けて考えられることがあります。これらは「信頼性」と「信頼感」とも読み替えられることがあります。能力に対する信頼は「力量」と「結果」に、意図に対する信頼は「誠実さ」と「意図」にさらに細分化することもあります。心理学者である同志社大学の中谷内一也教授は、信頼に影響を与える

要因として「価値共有認知」「能力認知」「動機づけ認知」の3つを挙げています。「能力認知」は「能力に対する信頼」に、「価値共有認知」と「動機づけ認知」は「意図に対する信頼」に関連しています。

組織内で仕事をする際の信頼について、精神科学者であるクレアモント大学院大学のポール・ザック教授は8つの要素を挙げています。それは、「オベーション（称賛）」「期待」「委任」「移譲」「オープン化」「思いやり」「投資」「自然体」です。これらの要素はすべて「意図に対する信頼」に関係しています。

能力に対する信頼は、紹介や事前情報、共同作業の結果などから推測することが可能です。対面の場合、身なりや表情といった要素も信頼の構築に影響を与えます。しかし、匿名でオンライン上の分散チームにおいては、能力に対する信頼を測る方法が限られています。

このため、本研究では「意図に対する信頼」に焦点を当てています。意図の推定はコミュニケーションを通じて行われるため、他に手がかりがない状況では、分散チームにおける信頼構築を研究する際にコミュニケーションが必然的に注目されることになります。

❹ オンラインとオフラインの違い

「オンライン」という言葉は、もともとコンピューターなどのICT（情報通信技術）機器がネットワークに接続されている状態を指していました。しかし、そこから転じて、ICTを利用して人々がネットワークを通じてつながる状態全般を指すようになりました。その反対に、通常オンラインでつながっていた人々がICTを介さずに直接会うことを「オフライン」と呼ぶようになったのです。

本研究では、電子メール、チャット、ビデオ会議などを利用して、物理的に離れた場所でコミュニケーションを取ることを「オンライン」とします。そして、物理的に同じ場所で顔を合わせて行うコミュニケーションを「オフライン」と定義します。なお、同じ部屋にいながらチャットやメールを行う場合もありますが、この場合は「オフライン」に含めます。また、オンラインの中で特定のメディアを区別する必要があるときは、その都度「電子メール」「チャット」「ビデオ会議」などの用語を使用します。

　オンラインの普及に伴い、オンラインとオフラインの比較実験が行われるようになりました。1990年代までは、オンラインで共同作業を行う環境が一般的でなかったこともあり、オンラインでのコミュニケーションに問題があるとする研究が多く見られました。オーストラリア国立大学のプラシャント・ボルディア教授は、オンラインとオフラインを比較した18件の論文をレビューし、オンラインではオフラインに比べてタスクの完了に時間がかかり、発言が少ないことから、オンラインには問題があると指摘しています。また、ラバーン大学のエメリン・デ・ピリス博士は201人を3人1組でのチームに分け、オンラインとオフラインで比較しました。結果として、分散チームのパフォーマンスが低く、時間がかかり、途中で参加を辞める人も見られたことを報告しています。さらに、ニューヨーク市立大学のT.K. ダス名誉教授はオンラインでのメッセージのやり取りには困難があり、信頼がなければ情報の開示が難しいことを指摘しています。

　オンラインでのコミュニケーションにおいては、情報が失われることについての研究も行われています。視覚や言語的な手がかりがなくなるのは、「技術的な特徴」が影響しているとされる「技術決定論」のアプローチが2つあると言われています。一つは「手がかりろ過アプローチ」、もう一つは「自己注目アプローチ」です。本研究では、「手がかりろ過アプローチ」に注目します。

「手がかりろ過アプローチ」は、メディアを通じたコミュニケーションにおいて、社会的な手がかりが欠如することで、社会的な統制感が弱まり、個人性が薄れ、没個性化されることで、コミュニケーションのメッセージそのものに注目が集まるとされています。このアプローチでは、対面と電話での比較実験が行われており、視覚的な手がかりの重要性を強調しています。対面での議論に比べ、聴覚による議論では、強い調子の発言が説得力を持ち、特に意見が対立している場合にその影響が強いとされています。

電子メールについて手がかりろ過アプローチを研究したのは、社会学者であるニューヨーク大学のリー・スプロール名誉教授らです。スプロールは、フォーチュン500企業から96人を選び、前週に交わされた最大15通の電子メールを分析し、アンケートとインタビューを行いました。電子メールの分析には、文字数、冒頭と末尾、ポジティブ表現とネガティブ表現の単語数、丁寧な言葉遣い、感嘆符や大文字表現、仕事関連かどうかを対象としました。その結果、電子メールによるメッセージのやり取りでは、「地理的要因」「組織的要因」「状況的要因」の3つの社会的文脈がろ過され、統制感が薄れることが分かりました。そのため、極端な行動が現れる可能性が高く、他者への言及よりも自己への言及が多くなる傾向があるとしています。つまり、社会的文脈がろ過されると、比較的自己中心的で統制されていない行動が生じると主張しています。

■ 分散チームにおけるオフラインの重要性

分散チームの効果的な運営には、逆説的ですが、初期段階でのオフラインの重要性が強調されています。国際経営開発研究所のマイケル・ワトキンス教授は「分散チームを機能させるための10の方法」の中で、チームメンバーが最初に実際に会うことを推奨しています。さらに、可能であれば定期的にオフラインで会うことも勧めています。

新製品開発に従事する労働者を対象にしたノースイースタン大学のエドワード・マクドノー3世教授のアンケート調査でも、実際に会うことなしにメンバーと信頼関係を築くのは難しいことが示唆されています。この調査は103件の有効回答をもとに行われ、そのうち54件が国境を越える、グローバルに製品開発を行うチームからのものでした。グローバルチーム、分散チーム、共同チームの比較アンケートによると、特にグローバルチームと分散チームでは、対面することなく管理することが課題であるという結果が出ています。

　さらに、米海軍大学院のジム・スチャン名誉教授は分散チームでの信頼構築のためには、リーダーがまずオフラインでミーティングを行うことが重要であると述べています。さらに、スチャンは、信頼構築のために対面で行われた3日間の集合研修の例について、サポートチームの31人に対するインタビューから明らかにしています。

■ オンラインにおける信頼に関する研究

　どうやら、オフラインの方が良さそうだという研究が多いようです。続いて、オンラインとオフラインでの信頼構築を比較する先行研究を見ていきましょう。

　ウィリアム＆メアリー大学のジャンヌ・ウィルソン名誉教授らの研究では、オンラインとオフラインの組み合わせが信頼に与える影響を調査しました。3人一組の52チームの学生を対象に3週間の実験を行い、チャットを用いたオンライン環境を整備して、オンラインとオフラインを組み合わせた3回のミーティングを実施しました。その結果、全てオフラインでミーティングを行ったチームと、全てオンラインで行ったチームを比較したところ、オフラインでミーティングを行ったチームの信頼が高いという結果が得られました。

また、ジョージワシントン大学のシャロン・ヒル教授は競争的な環境における信頼構築について調査し、オフラインが信頼構築に効果的であることを示しています。208 人の学生を対象に経営判断のシミュレーションを行わせ、オフラインとチャットを使ったオンライン環境を比較した結果、オフラインの方が信頼構築に有効だったことが示されました。

　ジョンズ・ホプキンス大学のネイサン・ボス博士は、社会的ジレンマの解消におけるメディアの違いについて研究し、オンラインは信頼構築が難しいと主張しています。3 人のチームを 66 組形成し、オフラインやビデオ、オーディオ、テキストなどのオンラインツールを利用して社会的ジレンマを題材に信頼を測定しました。その結果、ビデオとオーディオによる信頼構築はオフラインに近いものでしたが、徐々に構築されるため脆弱性があるとされ、最も効果的だったのはオフラインのコミュニケーションでした。

　さらに、キング・ファハド大学のマムード・ニアジ教授らによる、オフショア開発に関する 18 件の論文のシステマチックレビューでは、オフショア開発の成功要因のトップとしてオフラインでのミーティングを行うことが挙げられ、実際に会うことの重要性が指摘されています。

　しかし、人材コンサルティング会社の AIM Strategy 社による分散チームを管理するマネジャー 150 人へのインタビュー調査では、信頼構築のために必ずしもオフラインでの対面が必要でないと考える意見もありました。それでも、65% のマネジャーが人間関係の構築にオフラインが有効とし、63% が信頼構築のために定期的なコンタクトが必要だと答えています。

　一方で、オンラインの方がオフラインよりも効果的に問題を解決できるという研究もあります。例えば、カリフォルニア大学のジョセフ・ウォル

サー名誉教授らの研究では、オンラインとオフラインの心理学的な実験を行い、オンラインの方が自己開示の頻度が4倍であるという結果が報告されています。これらの結果を受けて、上智大学の杉谷陽子教授は1990年代までの研究ではオンラインはオフラインに比べて問題があるとされていましたが、1990年代初頭からはオンラインの方が良いとする論文が増え始めたと指摘しています。オンラインコミュニケーションが仕事や生活に広がることで、意識の変化が起こり、オンラインでの信頼構築が難しくなくなる可能性が示唆されています。

■ 分散チームにおける信頼の研究

分散チームでの信頼構築に関する研究は多く行われており、その中でメッセージの質と量が信頼に与える影響が指摘されています。例えば、テキサス大学のシルッカ・ヤルヴェンパー教授らは、学生を対象とした実験で、オンラインメッセージの質と量が信頼に影響を与えることを示しています。ヤルヴェンパーの研究では、複数の国の学生を79チームに分け、3週間にわたってWebページを作成する作業を行わせました。その結果、信頼度が高いままのチームでは、欠席やスケジューリングの共有、社会的な会話、ポジティブな表現がメッセージに見られ、メンバーが自分の仕事以外にも貢献する行動が報告されています。一方で、信頼が低いチームではサボりや音信不通が起こっていました。

この研究を基に、マリンガ州立大学の研究員をしていたギリェルメ・アウグスト・マルドナド・ダ・クルス氏らは感情分析を活用して自動的にチームの信頼を計測しようとしています。この研究では、ソフトウエア開発のグローバルな分散チームにおけるソフトウエアのバージョン管理コメントを分析し、信頼を測定する試みを行っています。

分散チームの管理において不可欠な要素を探るため、デルフト大学のロバート・バーバーグ准教授らは分散チームを管理するプロジェクトマネ

ジャー 30 人へのインタビューを実施しました。バーバーグは、組織のプロセスや多様性、リーダーシップ、会社のサポートなど、276 の要件を抽出し、分析の結果、(1) 信頼、(2) コミュニケーションのルールの設定、(3) 技術のサポート、(4) 企業のサポートの 4 つが最も重要であると結論付けています。

分散チームにおける信頼の重要性は 2000 年代後半になるとさらに注目され、多くのレビュー論文が登場し始めました。分散チームに関するレビュー論文では、「信頼」について独立した章や節が設けられており、その関心の高さがうかがえます。例えば、リプナックの著書では、分散チームにおける信頼構築について丸ごと 1 章が割かれています。

信頼に関するレビュー論文を参考にしながら、分散チームにおける信頼が取り上げられている研究を詳しく見ていきます。ドレイク大学のアラナ・ミッチェル特別教授は、1997 年から 2007 年までの 42 件の分散チームと信頼に関する論文をレビューし、何が解決されていて何が未解決かを検討しています。レビューによると、ほとんどの研究は学生を対象とした実験に基づいており、学生以外を対象にしたものは 1 件しかありませんでした。このため、分散チームにおける信頼に関する知見は、主に教育分野の研究や学生を対象とした実験に基づいていると結論づけています。

リヒテンシュタイン大学のジャニーン・ハッカー助教授は、2003 年から 2015 年までの 124 件の分散チームにおける信頼に関する論文をレビューし、信頼という多義的な概念を 6 つに分類した上で、信頼がどのように変化するのか動的な研究が少ないことを指摘しています。また、技術の変化によって分散チームが増える中で、将来の職場で分散チームを管理するためのガイドラインを提示しています。

信頼の変化を分析する研究が少ない理由として、実務環境において実験

対象者を統制するのが難しいという点が挙げられます。すなわち、現実の業務環境では、実験のためにチームを組み替えたり、メンバーの増減を抑えたりすることが困難です。そのため、同条件で継続した実証実験を行うのが難しいのです。

　分散チームの効果的な活用は経営課題として捉えられており、関連するレビュー論文は主に情報システム（IS）や経営情報システム（MIS）の専門誌で発表されています。バージニア工科大学のサオニー・サーカー学部長は、信頼とコミュニケーションがISにおいて重要であるにもかかわらず、未解決の問題であることを指摘しています。

　経営情報システム分野の有力誌であるMIS Quarterlyでは、経営情報システム分野で注目されているトピックをキュレーションし、「Trust（信頼）」をその9つのトピックの1つと位置づけています。ここでは、1996年から2017年に掲載された35の論文を紹介し、信頼を「人と人」「人と組織」「組織間」「人と技術」の4つに分けて論じています。これらのうち、分散チーム（Virtual team）に関する論文は9件に上り、そのうち1件は後に詳しく述べるチュラロンコーンビジネススクールのプラサート・カナワッタナチャイ准教授の研究です。

　とはいえ、信頼と分散チームの関係は経営的に高い関心を集めているものの、まだ独立した分野として確立されておらず、学際的な側面を持っています。そのため、関連論文は組織行動、コンピューターを仲介するコミュニケーション（CMC）、コンピューターを基本としたコミュニケーションシステム（CBSC）、コンピューターを通したサポート共同作業（CSCW）など、さまざまな分野にまたがっています。

3 研究方法

① 実験の方針

本研究では、先行研究で十分に達成されていなかった実験を行うために、以下の方針を採用します。それぞれの方針の詳細については後ほど説明します。

▌完全なコミュニケーションデータの取得

先行研究では、チーム内のコミュニケーション内容を完全には取得できていないという課題がありました。

そこで、本研究では、チーム内でのコミュニケーションツールを限定します。すなわち筆者らが提供するツールにコミュニケーション手段のみを利用させることで、チームのメンバーが取り交わす、すべてのコミュニケーションログを取得します。こうすることで、やりとりをすべて分析対象にできます。

チームのすべてのコミュニケーションを取得できれば、それについてさまざまな分析を行うことができます。詳細は後述しますが、どのようなコミュニケーションが多かったのか、また、どのような感情なのかなど、コミュニケーションを多角的に分析し、チームの信頼構築に寄与するコミュニケーションを明らかにします。

▌信頼の測定

信頼の測定には、アンケートを用います。

▌実験参加者の選定

学生を対象にした実験では条件の統制がしやすいという利点があります。しかし考え方や行動パターンは、実際の職場で働いている人々とは異なる場合があります。

そこで、実験の対象として、クラウドソーシングサイトを利用して賃金を対価に働くクラウドワーカーを採用します。クラウドワーカーを活用することで、実験条件を厳密に管理しながらも、実際に仕事をしている人々を対象に実験を行うことができます。これにより、学生を対象とした実験では再現しにくい、実際の働く人々のマインドや行動を反映した結果が得られる可能性があります。

■ チーム構成

チームメンバーが既に知り合い同士の場合、すでに信頼が構築されている可能性があり、実験結果に影響を及ぼす可能性があります。

そこで、筆者らが実験への応募者から3人で1チームを構成します。そして、チームメンバー同士は初対面・匿名のゼロスタートとします。これにより、信頼構築の初期段階から、コミュニケーションや信頼のデータを収集することが可能になります。

先行研究では、1回きりの共同作業で信頼を計測しているものが多数見られます。しかし、チームで作業を行うと、それによって信頼やコミュニケーションに変化が生じるはずです。

そこで、継続的にチーム作業を行わせることで、信頼の増減やコミュニケーションの変化を観察します。クラウドワーカーを実験参加者とすることで、初対面から継続的にチーム作業を行った場合の変化を観察することが可能です。

もちろん、クラウドワーカーならではの課題も起こることが予想されるため、実験方法を試行錯誤しながら構築します。

■ パイロット実験の実施

今回、初めての試みのため、実験を遂行するにあたり、さまざまな課題が生じることが予想されます。そこで、実験参加者数を少数に限定したパイロット実験を行い、実験における課題を明らかにします。パイロット実験で明らかになった課題を解決した上で、対象者数を増やして本実験を行います。

また、パイロット実験では、チームメンバーのオンライン状態などを提示するプレゼンス情報の効果を検証するため、ツールを半分のチームにのみ提供します。パイロット実験の募集の詳細については 12 章の 1 に記載します。

以下に、それぞれの実験方針の項目について詳しく見ていきます。

 完全なコミュニケーションデータの取得

本研究では、完全なメッセージデータを収集することが重要なポイントとなります。そのため、研究対象者に対して、チーム内でメッセージをやり取りできる専用のツールを提供し、その記録を取得します。

■ GMSS

ワーカーがチームでコミュニケーションをとるためのメッセージツールとして、テキストベースの「Group Memory Support System（GMSS）」を利用します。GMSS は、Web ブラウザーからアクセスできるアプリケーションです。ワーカーは、各自の Web ブラウザーを使って GMSS にアクセスします。

GMSS では、ワーカーごとに個別の ID を発行し、各チームのメンバー

だけがアクセスできるグループを用意します。このグループ内でのやり取りは、他のチームには見られない仕組みです。また、GMSS には、非同期で議論を進める機能やテキストチャットを行う機能があります。発言があると、GMSS からチーム全員にその内容がメールで通知されます。この通知はシステムから送信され、返信用のメールアドレスが含まれていないため、メンバー同士が直接メールでやり取りすることはできません。

GMSS には、議論を整理しやすくするための便利な機能も備わっています。例えば、特定の議題に関連する発言を引用して見せたり、発言内容を選んで投稿したりすることが可能です。ただし、こうした機能を使用することは義務付けず、利用者が自由に使えるようにします。また、すべての発言は、発言者の名前や日時とともに記録されます。

本研究では、すべてのメッセージログを収集して分析することを目的としているため、チーム内のメッセージ交換には GMSS のみを使用することを求めます。もし筆者らが提供するコミュニケーションツール以外を使用していることが判明した場合、契約違反として研究への参加を取り消す条件としています。

C-WORK

C-WORK は、チームメンバー間で状況を共有するための Web アプリケーションです。ワーカーは、自分の現在の状況を画像や短いテキストでチームに伝えられ、また他のメンバーの状況を知ることができます。プレゼンス情報として、メンバーのログイン状態やカメラによる画像、テキスト掲示板での共有情報などが含まれます。

C-WORK は現在の状況、すなわちプレゼンス情報をチーム内で共有するためのシステムとして提供しますが、テキスト掲示板の機能もあります。

C-WORKでは、各メンバーがログインしていると「在席」、ログアウトしていると「ログアウト」と表示されます。また、テキスト掲示板では作業の進捗（しんちょく）や開始可能な時間などを共有できます。ただし、リアルタイムなやり取りを目的としたものではありません。

このアプリケーションにはWebカメラ機能があり、システムが1分ごとに自動で写真を撮影したり、ユーザーが任意のタイミングでスナップショットボタンを押して撮影したりできます。しかし、カメラ画像を共有するには、自分もカメラを使って画像を開示する必要があります。これは、一方的な監視を防ぐためであり、監視に対する抵抗感を軽減するための設計です。さらに、カメラ画像にはブラインドのようなエフェクトを加えて、ユーザーが感じる抵抗感を減らしています。

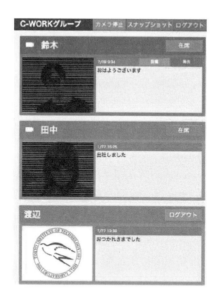

C-WORKは、ユーザーがログインしたまま放置するのを防ぐため、30分ごとにログイン状態を確認します。最後の操作から30分が経過する

と、ログインを継続するかどうかを確認するダイアログが表示され、ユーザーが応答しない場合は自動的に接続が切断されます。また、掲示板に書き込みがあった際には、音で通知します。

この研究では、C-WORK の使用時間や情報共有の時間をもとにプレゼンス情報の分析を行います。なお、写真の内容については、筆者らから見えない設計となっているため、分析には使用しません。

完全なコミュニケーションデータの取得をするためのメッセージデータは、GMSS の議論およびチャット、そして C-WORK の掲示板機能のメッセージデータを活用します。

 信頼の測定

信頼を測定するために、アンケート調査を行いました。このアンケートは、ヤルヴェンパーらが信頼の評価に使用した指標をもとにしています。

本研究では、ヤルヴェンパーが使用した 12 項目を日本語に翻訳し、実験参加者が理解しやすいように修正しました。さらに、2 項目を追加して合計 14 項目としています。このアンケートには、メンバーへの信頼やメンバーからの信頼など、信頼に関するさまざまな項目が含まれています。各項目は 5 段階で回答する形式です。

- Q1　我々のチームはいっしょによくやった
- Q2　人間関係を構築することは仕事のキーであった
- Q3　私は別のチームのほうがよかった
- Q4　我々は難しい仕事もうまくこなせた
- Q5　今回のチームのメンバーは誠実である

Q6　今回のチームのメンバーは信頼できる
Q7　我々はお互いに信頼している
Q8　私はチームメイトが自由にやっても安心できる
Q9　私が自由にやってもチームメイトは安心できる
Q10　今回のチームには団結心がある
Q11　私はチームメイトの気持ちを考えて行動した
Q12　私はチームメイトが何をやっているかを見たいと感じていた
Q13　また同じメンバーでコワーキングをしたいと思いますか
Q14　他の仕事で一緒になったとき、あなたは今回のメンバーに気づくと思いますか

　「信頼」という概念は、多くの文脈で使われる複雑なものです。本研究では、チーム全体での信頼を総合的に分析対象としました。そのため、チームメンバーに対する信頼、チーム全体の信頼感、さらには自分自身への信頼感に関する質問を含めています。これらを「チームに対する信頼」「チームメンバーに対する信頼」「チームメンバーの自分に対する信頼」としてまとめて評価しています。

　最終的に信頼の指標は以下に示した項目を合成して利用しました。ただし、これらの因子を分析に利用する前に、信頼を構成する因子としての妥当性を確認するために、クロンバックのアルファという指標を求めてから利用します。クロンバックのアルファとは、アンケートなどでどの程度一貫性があるかを評価するための指標です。一般的に 0.8 以上あれば信頼性が高いとされます。

Q6　今回のチームのメンバーは信頼できる
Q7　我々はお互いに信頼している
Q9　私が自由にやってもチームメイトは安心できる

▌一般的信頼

　一般的信頼とは、人をどれだけ信頼しやすいかを測る尺度で、社会心理学者である北海道大学の山岸俊男名誉教授によって提唱されました。これは、特定の相手に関する情報がない状況でも、「人は他人を搾取しないだろうと期待する信頼」です。この一般的信頼は「人物について見聞きしたことがある」や「特定のカテゴリーに属している」といった情報に基づく信頼（情報的信頼）とは異なるものとして考えられています。

　本研究では、チーム分けの際にこの一般的信頼の情報を活用します。つまり、チームメンバーの一般的信頼の傾向を平均化することで、信頼しやすさが結果に影響を及ぼさないようにしています。また、作業後の信頼と一般的信頼を比較し、一般的信頼が作業後の信頼と無関係であることを示すことを目指しています。

　一般的信頼は、7段階のリッカートスケールで評価します。具体的な質問項目は以下の通りです。

Q1　ほとんどの人は基本的に正直である
Q2　私は人を信頼するほうである
Q3　ほとんどの人は基本的に善良で親切である
Q4　ほとんどの人は他人を信頼している
Q5　ほとんどの人は信用できる

実験参加者の選定

▌実験参加者に関する課題

　分散チームにおける信頼を対象とした実験では、学生を実験対象とする

ことが多く見られます。ミッチェルらの論文レビューによると、調査対象の 42 件の研究のうち、学生以外を対象とした実験はわずか 1 件しかなかったのは前述の通りです。

　学生と社会人では、仕事に対する意欲や能力に違いがあります。経済産業省が提唱する「社会人基礎力」は、社会人として必要な「前に踏み出す力」「考え抜く力」「チームで働く力」の 3 つから構成されるもので、大学の授業でもその基礎力を評価する取り組みが行われています。この中の「チームで働く力」には、「発信力」や「傾聴力」などのコミュニケーション能力が含まれます。しかし、企業が学生のコミュニケーション能力に不足を感じている一方、学生自身は既に身に付けていると考える傾向があるという調査結果もあります。また、就職活動を行った 3 ～ 4 年生と、まだ行っていない 1 ～ 2 年生の間でもこの能力に対する意識の差が見られます。

　学生を対象とした実験では、ゼロからのスタートで初対面の実験や匿名での実験が可能です。しかし、社会人を対象にした実験では、プロジェクトのある期間を切り取って研究を行うため、初対面の状況を作り出すのが難しいという課題があります。そのため、社会人を対象とした先行研究では、既存のチームを対象に実験を行い、その一部の期間のみを分析しているケースが多く、初期段階での信頼構築については十分に研究できていないことがあります。

　さらに、信頼構築には時間が影響します。継続的に同じチームでタスクを行うことで、信頼やコミュニケーションが変化する可能性が高いです。ハッカーも主張しているように、時間軸に沿ってチームの形態は変化します。継続的な仕事を遂行することで、Swift trust とは異なる信頼の要素が出てくる可能性も考えられます。本研究では、同じチームで 2 回の作業を行わせ、1 回目と 2 回目でどのようにコミュニケーションや信頼が変化

するかを分析します。

　本研究では、クラウドソーシングを利用して実験参加者を募集します。クラウドソーシングのワーカーには、専業として働くワーカー、他に職業を持ちながら副業として行うワーカー、主婦や学生など多様な背景を持つワーカーがいます。全ての登録者は賃金を受け取るプロとして仕事に取り組むため、仕事に対する意欲や能力が期待できます。

　クラウドソーシングプラットホーム大手のクラウドワークスの調査によれば、学生はワーカー全体の13%に過ぎず、主婦や副業として働くワーカーが過半数を占めています。副業・兼業の推進などにより、クラウドソーシングには学生よりも社会経験者の登録が増えると予想されます。

▍実験参加者の募集

　実験参加者の募集にあたっては、以下のポイントを重視します。
- クラウドソーシングを活用
- 実験参加ワーカー数は100人以上を目指す
- 募集方法はプロジェクト型
- 2段階募集を導入
- 再雇用でチームを変えて参加者数を増加
- 3人でチーム作業を終えたチームのみを分析対象
- 学術研究目的であることを参加者に明示

　これまでの研究では、学生を実験参加者として募集することが一般的でしたが、本研究ではクラウドソーシングを利用して、社会人を対象とします。これにより、社会人ならではの仕事への意識や進め方を反映したデータが得られると考えています。

　参加者の募集は、クラウドソーシングプラットホーム「クラウドワーク

ス」を利用します。クラウドワークスには、1つの作業に対して発注者とワーカーがやり取りする「プロジェクト型」、複数のワーカーが同時並行で作業を進める「タスク型」、複数のワーカーから納品物を選ぶ「コンペ型」という3つの募集方法があります。今回の実験では、継続的な作業やアンケートが含まれるため、プロジェクト型を選びます。

更に、参加者を増やすために、2段階募集を採用しました。2段階募集とは、いきなり本番の実験参加への応募を依頼するのではなく、まず簡単で少額の作業を多くのワーカーに依頼し、その作業を完了したワーカーに本番の実験への参加を案内するという方法です。

この手法は、システム開発などの際、プログラミングを行うワーカーを募集する際、ワーカーのスキルやコミュニケーション能力を見極めるために使われる方法を参考にしています。

更に、この方法を利用することで、本番実験であるチーム作業に応募する抵抗感を減らし、応募のハードルを下げる効果も期待しました。

そして、参加者の数を確保するために、再雇用を行います。初回の作業を終えた参加者に対して、異なるメンバーや作業内容で再びチームを組んで参加してもらう形を取ります。このため、初めてチームを組む状況から、信頼構築のためのコミュニケーションを観察することができます。この時、どうしても3人に満たないチームができた場合、仕事を断るのではなく、完遂していただくものの、そのコミュニケーションなどのデータは分析対象から除外します。

募集の際には、学術研究目的であることを明示し、参加者はいつでも参加の解除が可能であることを伝えます。実験終了後には、取得したデータを学術利用することの可否を確認し、利用を拒否された場合はそのデータ

を分析に使用しません。この実験は、倫理的な配慮を確保するために東京工業大学疫学研究等倫理審査委員会の承認を得ました（承認番号：第2014056「コミュニケーションがオンラインチームに与える影響に関する研究」）。

 チーム構成と実験の概要

　チームのメンバー構成は実験者が設定します。本研究では、プレゼンス情報の交換も行うため、チーム作業はメンバーが同時に作業できる状況が望ましいです。クラウドソーシングを利用するワーカーにはさまざまな背景があり、クラウドソーシングを主業として働くワーカーだけでなく、副業でスキルを提供するワーカー、主婦業の合間にスキルを活用するワーカー、さらには海外からアクセスするケースもあります。このため、ワーカーが作業可能な時間帯は人それぞれです。

　そこで、事前にワーカーの作業可能な時間帯を昼、夜、平日、休日などに分けて尋ね、スケジュールが合いやすいワーカーでチームを編成します。

　また、チーム内でWebカメラやパソコン内蔵のカメラを利用できるかどうかも考慮します。C-WORKではカメラ画像の交換が可能であるため、カメラを使用できる環境にあるワーカー同士でチームを組むようにします。このため、事前アンケートで、パソコンに接続できるカメラを所持しているかを確認します。

　さらに、チーム内の信頼しやすさを均一にするため、メンバーの一般的信頼のレベルがなるべく均等になるように配慮します。これは、前述の一般的信頼を事前に尋ねることで実現します。

これらの条件を踏まえて、チーム編成を行います。

■ チーム作業

　クラウドソーシングで集めやすい人材を活用するために、登録者数の多い執筆業務をタスクとして検討しました。結果として、レポート作成のチーム作業を依頼しました。レポートのテーマは、チームメンバー同士のコミュニケーションが必要となる課題に設定しました。これは、本研究が分散型チームでの信頼構築におけるコミュニケーションの分析を目的としているためです。

　信頼構築において、ワーカーのスキルが重要になる場合、そのスキルを事前に評価する必要が出てきます。しかし、チーム間でスキルの差が出ないようにするのは難しい課題です。また、ディベートのように意見対立が生じる課題では、対立によってチーム全体の意見にまとまった際に、反対の立場を取っていたメンバーが信頼を適切に評価できない可能性が高くなります。さらに、先行研究によれば、目的が異なる議論の場合、強い発言がチーム全体に影響を与えることが分かっています。そのため、今回はチームの目的に対する意見の違いが生じる程度にとどめました。

　実験は題材や実験者の違いから3種類（実験 a、b、c）に分けて行いますが、分析の際にはこれらを共通のデータとして扱います。レポートの作成期間は、チーム編成後1週間としました。

　また、本研究では、実験参加者に同じチームで継続して作業してもらい、そのコミュニケーションや信頼の変化を観察することを行います。そのため、作業の設計も継続性に対応できるように工夫しました。具体的には、同じテーマでより難易度が高い課題を設定しています。

　3種類の実験の概要は以下の通りです：

1. 実験 a：クラウドワークス登録者の調査やテレワーク、従業員エンゲージメントなど、働くことに関するレポート。
2. 実験 b：クラウドソーシングで生じる課題とその解決方法についてのレポート。
3. 実験 c：デザートサバイバルタスクと呼ばれる、ディスカッションを目的とした課題に対するレポート。

これらの課題を通じて、チームメンバー間の信頼やコミュニケーションの動向を分析します。

実験 a

実験 a では、次の 3 つのテーマを設定しました。「クラウドワークス登録者の調査レポート（実験 a-1）」、「テレワークの CM を見てのディスカッション（実験 a-2）」、「従業員エンゲージメントやスマートスピーカーに関する議論（実験 a-3）」です。

この実験では、以前のパイロット実験に参加したことがある人に依頼を行いました。これは、一度作業のやり方を経験している参加者であれば、新たに参加する際の心理的な負担が軽減されると考えたためです。その後、2 段階募集の手法を適用しました。

実験 a-1：クラウドワークス登録者の調査レポート

このテーマでは、クラウドワークスの特定カテゴリーの登録者数を集計し、上位 10 人のワーカーのプロフィールを簡単にまとめてもらいます。継続作業では、上位 3 人についてより詳細なプロフィールを作成してもらいます。報酬は、初回が 1000 円、継続作業が 2000 円です。

実験 a-2：テレワークの CM を見てのディスカッション

「クラフトボス『新しい風・誰もいない』篇 30 秒」の CM に関する意

見をまとめる課題です。1段階目では、GMSS（グループでの意見交換）などのツールを提供しつつも、ディスカッション自体は求めない形式にしました。これは2段階目への参加を促進するための配慮です。報酬は1段階目が500円、2段階目が1000円です。

実験a-3：従業員エンゲージメント、スマートスピーカー、労働力不足に関する議論

　1段階目では、それぞれのテーマについて100～200文字のレポートを作成するよう求めます。参加者には3つの選択肢からテーマを選び、GMSSで選択を宣言してもらいます。これは、GMSSへの入力に慣れてもらうことが目的です。報酬は1段階目が300円で、2段階目の報酬は初回が1000円、継続作業が2000円です。

　このように、段階的に報酬と難易度を調整することで、参加者の応募意欲を高めながら、チーム作業の効果を検証しました。

■ 実験b

　実験bでは、クラウドソーシングで生じた問題を題材にしています。具体的には、大量の記事を掲載する際に、専門性のないワーカーに執筆を依頼し、結果として正確性に欠ける記事が公開されるという問題が発生しています。これに対して、クラウドソーシング運営者が再発防止のためにどのような対策を講じるべきか、200文字程度で提案するよう求めました。

　2段階目の課題では、初回の提案内容についてさらに議論を深めてもらいます。また、多くのレポートで、記事の品質問題の背景には報酬単価が安いことが挙げられていたため、それに対する解決策についても議論させました。

　この実験は、クラウドワークスに加え、主婦を主なワーカーとする

「シュフティ」でも募集を行いました。報酬は1段階目が150円、2段階目の報酬は初回が1000円、継続作業が1500円と設定しました。

■ 実験 c

実験 c では、「デザートサバイバルタスク」と呼ばれる、例えば砂漠で生き延びるために何を持っていくかなど「答えのない課題」に対して、どのような意思決定を行うかを議論する内容を設定しました。今回は、無人島からの脱出をテーマに、いくつかの選択肢を提示し、まず個人で選んだ選択肢とその理由を答えてもらいます。その後、チームで合意した選択肢を選び、その理由を400文字でまとめるというものです。

パイロット実験の結果、2段階目からの実施でも十分な応募が得られたため、1段階目を省略し、すべて2段階目から開始しました。

継続して行う課題として、2回目には「人類が滅びる際にシェルターに入れる人物を10人の候補から7人選ぶ」というテーマに取り組んでもらいました。さらに、3回目の課題では「飛行機が墜落した状況で、生存者13人のうち誰が助けを呼びに行くか」をチームで決定する内容にしました。この13人の中には、実験参加者自身も含まれる設定としています。

❻ 分析手法

結果の検定には統計分析を使用します。グループ間の比較には2つのデータセットの平均値が統計的に有意に異なるかを検証するための統計手法であるt検定を使います。また、チームごとの比較には複数の要素間の関係性を明らかにする相関分析を用います。いずれの分析でも、有意水準はp値0.05と設定しました。有意水準とは帰無仮説を棄却する確率のことです。0.05の場合、帰無仮説を棄却する確率が5%、すなわち20回に

1回ということです。

　データの分析には、統計解析ソフトRのWindows版の3.5.3（64ビット版）を利用します。2人以上の評価者がカテゴリー型データについてどの程度一致しているかを評価する統計指標であるCohenのκ（カッパ）を算出するために使用するirrパッケージのバージョンは0.84.1、クロンバックアルファを求めるために使用するpsychパッケージのバージョンは1.8.12です。また、複数の変数間の関係性を統計的に分析する手法である共分散構造分析（SEM）にはAMOSソフトを使用し、そのバージョンはWindows版の26です。

■ t検定

　2つのグループ間の差を検定する際には、t検定を使用します。特に、等分散を仮定しないWelchのt検定を基本として用います。以降、特に注記がない限り、t検定はWelchのt検定を指します。

　t検定の際には、比較対象となるグループを用意します。具体的には、作業後の信頼度が高いグループと低いグループを平均値で分け、その2つのグループ間で量の比較を行います。検定の有意水準は0.05以下とします。

■ 相関分析

　チームごとの項目などを検定する際には、スピアマンの相関を求めます。一般的に、相関係数が-0.2から0.2の範囲にある場合は、相関がないと見なされます。有意水準は0.05と設定します。

　なお、有意差が見られない場合でも、相関係数に基づいて考察を行います。相関係数が-0.2から0.2の範囲であったものについては、関係が見られなかったと判断します。

■ 共分散構造解析

メッセージの内容や感情、プレゼンス情報の継続的な変化の構造や因果関係を説明するためには、共分散構造解析が適しています。この解析手法は、時系列に伴う因果関係を仮説として検証する際に用いられます。検定の有意水準は 0.05 と設定します。

■ メッセージ全体の質的評価

テキストデータは発言を句点などで区切り、1 文ごとに分けて処理します。これは、1 つの発言でも中に複数の文が含まれる場合があるためです。例えば、あるワーカーが「はじめまして。遅い時間にすいません。プログラミング歴 15 年です。明後日から作業開始できます。よろしくお願いいたします。」と GMSS で発言したとします。この発言は 1 つですが、文としては 5 つに分けられます。1 文ごとに分けたメッセージデータは、その内容と感情に基づいて分類します。

定量的な分析では、発言を 1 文ごとに分解し、チーム全体のメッセージ量を分析します。しかし、この方法では文同士のつながりや文脈が失われてしまいます。そのため、チームのプロセスをより深く理解するために、定性的な分析も取り入れました。この分析では、東京工業大学の比嘉研究室の博士課程に在籍する複数の研究者が、各チームのメッセージ全体を読み、その印象についてアンケートに回答する形式を採用しました。また、チームのメッセージの流れについても分析を行っています。信頼度が高いチームと低いチームからそれぞれ 3 チームずつ選び、比較を行いました。

4 実験結果

1 実験結果

　実験では、2段階の募集方法を活用しました。最初の段階では、個人で行う簡単な作業が行われましたが、これは分析には使用していません。分析対象となるのは、2段階目から始まるチーム作業です。3つの異なる募集方法を経て、1回目のチーム作業には135人（45チーム）が、2回目には75人（25チーム）が参加しました。また、一部のチームでは3回目の作業も行い、33人（11チーム）の参加者を得ましたが、人数が少ないため定量的な分析には含めていません。ただし、興味深い傾向を示した参加者を中心に9人にインタビューを実施しました。その結果については4章7節で詳しく紹介します。

■ 信頼の分析

　信頼に関する分析では、まず、一般的な信頼感を測るために、5つの質問項目を使用し、その結果をまとめました。その平均値は4.425、最大値は5.4、最小値は3.333でした。信頼性を示すクロンバックのアルファ係数は0.83で、これは十分に高い値といえます。

　次に、1回目のチーム作業における信頼感を3つの質問項目で測定しました。チーム全体の平均は3.4で、最も高いチームの信頼感は5、最も低いチームは1という結果でした。この平均値3.4を基準に、高信頼のチームは27チーム、低信頼のチームは18チームに分類されました。高信頼チームの平均は3.864、低信頼チームの平均は2.704でした。クロンバックのアルファ係数は0.85で、アンケート結果に対する信頼性が十分に高いことが確認されました。

　また、1回目のチーム作業の信頼感をもとに、一般的な信頼感との比較も行いました。高信頼チームの一般的信頼感の平均は4.516、低信頼チームは4.289でした。t検定の結果、有意な差は見られませんでした（p =

0.11)。さらに、一般的な信頼感と1回目の作業後の信頼感との相関も調査しましたが、こちらも有意な差は見られませんでした（相関係数 0.23, p = 0.113）。つまり、一般的な信頼感が作業後の信頼感に影響を与えないということです。

続いて、2回目のチーム作業における信頼感の測定を行いました。全体の平均は 3.582 で、チームごとの信頼感は最大 4.889、最小 2 でした。平均値を超える高信頼チームは 10 チーム、平均以下の低信頼チームは 15 チームに分けられました。高信頼チームの平均は 4.333、低信頼チームの平均は 3.081 でした。クロンバックのアルファ係数は 0.88 で、こちらも十分に高い信頼性が確認できました。

■ メッセージデータの分析

チーム作業のメッセージデータを分析しました。1回目の作業では、全体で 14,517 文のメッセージがやり取りされており、1チームあたりの平均は 322.6 文でした。これに対して、2回目の作業では合計で 5,237 文のメッセージが送られ、1チームあたりの平均は 209.48 文となり、1回目と比較してメッセージの数が減少していることがわかります。

2 コミュニケーションはどう信頼に関係するのか

さて、ではいよいよ実験結果からどのようなコミュニケーションが信頼につながるのかをみていきたいと思います。

その前に、コミュニケーションに関して今まで行われてきた研究をみてみましょう。

4　実験結果

■ コミュニケーションに関する研究

コミュニケーションに関する先行研究と、本研究で取り扱うコミュニケーションについて述べていきます。

○ コミュニケーションの区分と先行研究

バーナードが指摘しているように、組織が機能するためには「コミュニケーション」が欠かせない要素となっています。コミュニケーションの基本的なモデルとして知られるのが、情報理論の父といわれるクロード・シャノンによるモデルです。もともとは通信のモデルとして考案されたものですが、社会心理学などで人間同士のコミュニケーションモデルとしても利用されています。

このモデルでは、送信者がメッセージを通信可能な信号に変換し、その信号が何らかのチャンネルを通じて送信されます。そして、受信者がその信号を受け取り、再びメッセージに変換して受け取るという流れです。このように、送り手と受け手が役割を交代しながらメッセージを伝え合うことがコミュニケーションの基本となります。

ただし、利用するチャンネルによって送受信可能な信号が異なるため、メッセージを信号に変換する際に情報の欠落が生じる可能性があります。このモデルは、コミュニケーションのプロセスにおける情報伝達の複雑さや不完全さを理解するうえで有用です。

○ オンラインにおけるコミュニケーションの研究

オンラインコミュニケーション全般を区分した研究として、慶應義塾大学の松下温教授らが行ったものが挙げられます。オンラインコミュニケーションを4つの段階に分けており、(1) コプレゼンス、(2) アウェアネス、(3) コミュニケーション、(4) コラボレーションの順にプロセスが進むと主張しています。

第一段階のコプレゼンスは、時間、情報、空間を共有しているという感覚を指します。第二段階のアウェアネスは、周囲の状況を把握するプロセスであり、存在や動作、場の雰囲気を認知する段階です。第三段階は、アイデアや情報を交換する「コミュニケーション」プロセスです。ただし、松下らの元の定義ではこの段階を「コミュニケーション」としていましたが、本研究ではこれを「メッセージ」と呼ぶことにします。最後の第四段階はコラボレーションプロセスで、複数の人によって価値が創造される段階です。松下らは、これらの段階はオフラインの状態では一体化して区分する必要がないのに対し、オンラインでは明確に区分する必要があると指摘しています。

　次に、メッセージの分類について述べます。社会学者でハーバード大学のロバート・ベールズ教授による分類は、インタラクション分析の手法として提案されたもので、メッセージをタスクに関連する「タスクメッセージ」と、社会的なメッセージである「社会的メッセージ」に分けています。タスクメッセージは意見の表明と質問に分類され、社会的メッセージはポジティブとネガティブに分類されます。この方法でメッセージは12種類に分類されます。このベールズの分類は多くの先行研究でも利用されています。

　松下らの「コミュニケーションの区分」は、オンライン状況での区分として意義がありますが、ベールズのメッセージ分類はオンラインで必要とされる「アウェアネス」を十分に網羅していません。そこで、アウェアネスを補完するための「メッセージ」に関する先行研究を紹介します。

　前述した「手がかりろ過アプローチ」では、オンラインでの「状況的要因」の希薄化が指摘されています。松下らの「コミュニケーションの区分」では4つの段階を説明しましたが、オンラインでは「メッセージ」が不足する「アウェアネス」を補う役割を果たすことがあります。アリゾ

ナ大学のスザンヌ・ワイスバンド准教授は、分散チームで不足する「状況的要因」を補うメッセージに関する研究を行っています。この研究では、「コミュニケーションの区分」における「メッセージ」に表れる言葉を「アウェアネス」情報として次の4つに分類しています。

- 現在の自身の状況を知らせるアウェアネス（self-awareness）
- 他の手段を使って通信できることを知らせるアウェアネス（availability awareness）
- 仕事の進捗（しんちょく）状態のアウェアネス（process awareness）
- 自己の情報を開示する社会的なアウェアネス（social awareness）

ワイスバンドは、この「アウェアネス」がチームのパフォーマンスおよびリーダーシップにどう関係するかを研究し、パフォーマンスの高いチームほど「状況」共有のメッセージ交換が頻繁であったことを示しています。また、ワイスバンドは「状況」のメッセージと信頼の関係が今後の重要な研究テーマになると指摘しています。

さらに、パットナムはソーシャル・キャピタルの概念における「社会全体の人間関係の豊かさ」として「近所の人と雑談するか」を挙げています。雑談は相互信頼状態であるラポールの形成においても有効であるとされています。このように雑談の重要性は語られていますが、定量的な分析が行われていません。そこで本研究では、雑談についても分類の対象とします。

○ メッセージデータの取得における課題

ハッカーらによる分散チームにおける信頼研究のレビューで取り上げられた124件のうち、実験を行っているものは25件、メッセージに焦点を当てた研究は33件、そしてメッセージに注目しつつ実験を行っている研究はわずか10件でした。その中でも、メッセージの内容に踏み込んで

コーディングし、定量的に分析を行った研究はカナワッタナチャイによるものだけでした。ただし、この研究ではタスクに関係するメッセージのみの頻度と文字数をカウントし、初期段階でメッセージと信頼に関連性があったと報告しています。

このように、メッセージデータを定量的に分析する研究が少ないのは、メッセージデータの取得や解析に困難が伴うためと考えられます。例えば、ビデオ会議や電話会議を含めた場合、それぞれの録画・録音が必要になります。そのようなケースでは、毎週のレポートなどで、思い起こしによるメッセージ量の測定が行われており、定性的な分析が適していることが多いのです。

ハッカーの研究は 2015 年までの論文を対象にしていたため、学術分野のオンラインデータベースである EBSCO Host で同じ検索ワード（"Virtual team" または "Distributed team" と "Trust" または "Swift trust"）を用いて、2016 年から 2019 年までの論文を検索しました。検索結果の 51 件の論文を調査した結果、実証実験を行い、メッセージログをコーディングする研究は見つかりませんでした。

○ メッセージの内容と信頼に関係があるのか

信頼構築とメッセージ内容の関係を検証します。メッセージ内容を「業務」に関するメッセージ、業務遂行には関係のない「雑談」のメッセージ、そして「状況」を伝えるメッセージに分類し、それぞれのメッセージ内容と信頼との関係を調べます。雑談のメッセージは個人的な話題と業務に関連する雑談に、状況のメッセージは現在の状況、予定調整、役割分担にさらに分解して分析します。

職場でのソーシャル・キャピタル構築には雑談が有効とされ、仕事以外の話題の共有が重要とされています。一方、分散チームは匿名の初対面か

らスタートするため、業務に関するメッセージが重視され、雑談は不要とされる可能性もあります。しかし、タスクに関するメッセージは信頼の高低にかかわらず交わされることが予想されます。分散チームでは、状況を補うメッセージが信頼に関係する可能性もあります。

　本研究では、どのようなメッセージ内容が信頼構築に影響を与えるのかを分析し、定量的に検証します。

■ メッセージの内容による分類

　本研究では、分散チーム環境で不足しがちな「状況」を伝えるメッセージや「雑談」といったメッセージが信頼構築に与える影響を明らかにしたいと考えています。そのため、メッセージを分類する際には、ワイスバンドの分類をベースにします。この研究では、メッセージから得られる状況の情報がパフォーマンスと相関することを示し、状況のメッセージと信頼の関係が、今後重要な研究テーマになるとしています。

　ワイスバンドは、状況のメッセージを以下の4つに分類しました。

1. 現在の自身の状況を知らせるメッセージ
2. 他の手段を使って通信できることを知らせるメッセージ
3. 作業の進捗状態を知らせるメッセージ
4. 自己の情報を開示する社会的なメッセージ

　本研究では、最初の3つを「状況」を知らせるメッセージとし、最後の1つを「雑談」のメッセージとして定義します。それ以外のメッセージは「業務」メッセージとして分類します。

　ただし、この分類では「業務」に作業に必要な議論以外のメッセージも含まれます。例えば、パイロット実験では「挨拶」が多く交わされてい

ることがわかりました。業務とは言いがたい内容のため、これを「業務」メッセージとは別にする必要があります。さらに、「実験の課題文」「作業の成果物」「提出物」「URLだけ」なども含まれます。これらはレポート課題や成果物の校正などで、分析に影響を与える可能性があるため、作業に必要な議論である「業務」メッセージと、コミュニケーションを円滑にするための「挨拶」を分析対象にし、それ以外の文は分析対象に含めません。

また、「雑談」は「自身の自己紹介や自身にまつわる雑談（雑談自身）」「作業内容に関する雑談（雑談作業）」「GMSS や C-WORK などシステムに対する雑談（雑談システム）」に分けます。ただし、システムに関する雑談はパイロット実験でログインの不具合やツールの使い方の質問など、業務の雑談とは関係ないことがわかったため、分析対象から除外します。

さらに、「状況」メッセージはワイスバンドの分類を少し修正して次のようにします。「実験参加者が行った作業や現状に対する状況報告（状況現況）」「実験参加者がミーティング可能な時間（状況予定）」「実験参加者がこれから行う作業や役割分担（状況役割）」に分けます。

文の分類にはクラウドソーシングを用い、1 文あたり 3 人のワーカーを雇い、最頻値を正解とします。回答が分かれた場合には、筆者らが精査して選択します。

○ メッセージの内容分類の結果

2 回目のチーム作業でのメッセージ内容の分類の結果、「業務」「雑談」「状況」「挨拶」のみの場合、1 回目のメッセージは 10,287 文、2 回目のメッセージは 3,790 文となりました。なお、1 回目と同様に、課題文の引用やレポートの内容に関する部分は分析から除外しています。

○メッセージの内容と信頼との関係の定量分析

　メッセージの内容と信頼との関係について検証します。ここでは、どのような内容のメッセージが信頼構築に関係するかをメッセージ内容ごとに検証します。使用するデータは、作業後の信頼度とメッセージの内容です。メッセージの内容は、全メッセージ量、業務に関するメッセージ、雑談、作業、状況の現況、予定、役割、挨拶の合計10種類に分類されています。

　まず、1回目のチーム作業のデータを用いてメッセージの内容と信頼の関係について検証しました。状況メッセージの中でも、ミーティングなどの予定調整に関するメッセージについてt検定を行ったところ、有意差が見られました（p = 0.035）。高信頼チームの平均は22.889、低信頼チームの平均は11.000でした。このため、1回目のメッセージの内容と信頼の関係は、予定に関するメッセージにおいて支持されました。しかし、相関分析では有意な相関は認められませんでした。t検定で有意差があった予定に関するメッセージでは弱い正の相関（0.223, p = 0.140）が見られました。それ以外のメッセージについては、-0.2から0.2の範囲外の相関は見られませんでした。

　次に、2回目のチーム作業データを分析し、メッセージの内容と信頼の関係について検証しました。t検定では有意差は見られませんでしたが、相関分析において、信頼と自身に関する雑談メッセージに有意な正の相関が認められました（0.399, p = 0.048）。このため、2回目のメッセージの内容と信頼の関係は自身に関する雑談メッセージにおいて支持されました。相関係数が-0.2から0.2の範囲外であったのは、雑談全体のみでした。

3 ポジティブなコミュニケーションが信頼を醸成するのか

　続いて、メッセージに含まれる感情と信頼構築の関係について検証していきます。

　ポジティブ心理学は、1998年に心理学者のペンシルバニア大学のマーティン・セリグマン教授がアメリカ心理学会の会長に選ばれた際の演説に始まるとされています。セリグマンは、それまでの病気を治すための心理学ではなく、健康な人がより良い人生を実現するための心理学を目指し、ポジティブ心理学を提唱しました。この学問は、「人間が最大限に機能するための科学的研究」と定義されています。

　ポジティブさ（ポジティビティ）の効用として、人を長寿にするという効果が挙げられます。180人の修道女の手紙や日記を解析した調査によれば、ポジティブな発言が多い修道女ほど健康で長生きしたという結果が出ています。

　ビジネスを遂行するチームにおいて、ポジティブさが成功の要因であるとする研究を行ったのは、数学者のマーシャル・ロサダ氏とノースカロライナ大学のバーバラ・フレドリクソン教授です。ロサダは60チームの会議中の発言を「ポジティブかネガティブか」「自分中心か他者に言及しているか」「質問か自説の擁護か」で分類しました。また、それぞれのチームの「生産性」「顧客満足度」「社内評価」を指標としました。その結果、高パフォーマンスのチームでは、ポジティブなメッセージの比率が高く、ポジティブとネガティブな発言の比率は「6:1」でした。さらに数学的な検証により、高パフォーマンスと低パフォーマンスを分ける比率は2.9013:1とされました。ただし、この値には数学的な誤りがあることが後日指摘されています。

フレドリクソンは、心理学的アプローチからロサダの結果を検証しました。2 回の実験を行い、結果として高パフォーマンスと低パフォーマンスを分けるポジティビティ比率（PN 比）は 3.2:1 と 3.4:1 であり、ロサダが示した分岐点の 2.9013 を上回る結果となりました。ただし、PN 比が 13:1 を超えると制御が効かなくなり、逆に問題が生じることがわかりました。

　オンラインにおけるポジティブな感情と知識共有に関して、ポジティブさと信頼の関係を調査したのは致理科技大学のユアン・ホイ・ツァイ准教授らです。ツァイは過去の研究で用いられた質問を利用し、ポジティブさ、信頼、社会的交流に関するアンケートを 560 人に対して実施し、309 件の有効回答を得ました。確認的因子分析を行った結果、ポジティブさが知識共有や信頼を促進することを報告しています。

■ ポジティブなメッセージは信頼に関係があるのか

　成功するチームにはポジティブなメッセージが多いという研究結果があります。スプロールらの研究では、メールでのメッセージは統制されない発言が増えると指摘されています。本研究で対象とする匿名性の高い分散チームでも、統制されないネガティブな発言が増える可能性があります。そこで、ポジティブなメッセージの量や比率と信頼の関係を検証します。

■ メッセージの感情分析

　本研究では、メッセージの文ごとの感情を分類するために、Google の Cloud Natural Language API（CNL）を使用しました。CNL は機械学習を活用して、非構造化テキストから感情や構造を分析できるサービスです。特に本研究では、テキストの感情分析機能に焦点を当てました。この機能は、指定したテキストに潜む感情をポジティブ、ニュートラル、ネガティブのいずれかに分類します。

CNL の感情分析では、感情の度合いを示す「score」と、感情の強さを示す「magnitude」という 2 つの値を出力します。今回は、score のみを利用しました。この score は、1.0（ポジティブ）から 0（ニュートラル）、-1.0（ネガティブ）までの範囲で感情を表現します。

　CNL の利点の一つは、多言語対応が可能である点です。日本語やスペイン語など、英語以外の言語でも分析が可能です。もし、英語以外のテキストを分析する場合、一般的にはテキストをまず英語に翻訳する必要があり、この過程で誤差が生じる可能性があります。

　ただし、CNL の推定プロセスはブラックボックスとなっており、その結果の信頼性を確認する必要があります。そこで、クラウドソーシングを利用して CNL の推定結果を検証しました。

　具体的な検証方法として、CNL によって感情が顕著に表れていると推定された 100 の文をランダムに選び、5 人のワーカーに感情の推定を依頼しました。その結果を CNL の推定結果と比較し、一致率と Cohen の κ 係数を計算しました。この κ 係数の評価には、Landis と Koch の指標を使用しています。

　なお、クラウドソーシングの課題として、タスクに真剣に取り組まない作業者が存在する可能性が挙げられます。こうした問題に対処するための方法についてはいくつかの研究があり、本研究ではフォーマット条件を活用し、簡易的な多数決を用いて検証しました。

■ メッセージの感情の結果
　メッセージの感情分析を行いました。この分析には、Cloud Natural Language API（CNL）を使用しました。空白などを除くと、1 回目のメッセージは 10,250 文でした。

感情分類の精度を確認するため、クラウドワークスを通じてワーカーにメッセージの分類を依頼しました。その結果、CNLとワーカーの判断が一致した割合（単純一致率）は76.042%、Cohenのκ係数は0.524でした。この値は、「ほどほどの一致度（Moderate）」に該当するため、分析に使用可能と判断しました。

2回目のチーム作業に関する感情分析のための募集は、2019年3月26日21時25分に開始し、同日23時37分にすべての作業を完了しました。結果として、50件が承認され、16件が非承認となりました。この際、CNLとワーカーの単純一致率は85%、Cohenのκ係数は0.65でした。これは「かなりの一致度（Substantial）」に該当するため、分析に使用しました。

■ ポジティブなメッセージと信頼の定量分析

メッセージの感情と信頼の関係を探ります。分析に使用するデータは、作業後の信頼と、メッセージの感情を推定したものです。また、メッセージの内容分析で用いた分類を活用し、メッセージをポジティブ、ニュートラル、ネガティブに分類して分析を行いました。その結果、合計30種類のメッセージが比較対象となりました。

データ量が多いため、個別の検定については、有意差が認められたものと、相関係数が -0.2 から 0.2 の範囲外にあったもののみを記載します。

まず、1回目のチーム作業でポジティブなメッセージと信頼の検証を行いました。信頼とポジティブ・ネガティブ比（PN比）に有意な正の相関が見られ（0.393, $p = 0.0075$）、1回目のポジティブなメッセージと信頼の関係があるということは支持されました。また、予定を調整するメッセージにおいて、信頼とポジティブ量（0.243, $p = 0.109$）、信頼とネガティブ量（0.217, $p = 0.153$）では有意差はなかったものの、正の相関が認めら

れました。さらに、信頼と挨拶のポジティブ量（0.207, p = 0.172）、および ニュートラル量（0.240, p = 0.113）でも同様に正の相関が認められました。

次に、2回目のチーム作業のデータに基づいて、ポジティブなメッセージと信頼の関係を検証しました。1回目と同様に、信頼とPN比に正の相関があり、有意差が見られました（0.46, p = 0.021）。また、信頼と自身に関する雑談のネガティブ量で有意な正の相関が認められました（0.451, p = 0.024）。さらに、信頼と自身の雑談のポジティブ量でも正の相関が見られました（0.379, p = 0.062）。一方で、信頼と予定調整のニュートラル量（-0.206, p = 0.323）、信頼と役割分担のニュートラル量（-0.220, p = 0.291）においては負の相関が見られました。また、信頼と挨拶のニュートラル量においては正の相関が見られました（0.296, p = 0.151）。

有意差を基に判断すると、ポジティブなメッセージと信頼の関係はPN比と自身についての雑談のネガティブ量において支持されました。

❹ プレゼンス情報が信頼を築くのか

続いて、プレゼンス情報と信頼の関係について検証していきます。

アウェアネスは、松下らが提唱した「コミュニケーションの区分」において第2階層目に位置しています。これは、オフライン環境に比べて欠落する情報を補う目的で、CSCW（Computer Supported Cooperative Work）の分野で1990年代から研究されてきました。例えば、北陸先端科学技術大学院大学の國藤進教授は、グループウェアを使ったオンラインでのチーム作業において、日常の同期・対面のオフライン作業では当たり前に共有できる情報が欠けることから、カリフォルニア大学のポール・

ドゥーリッシュ教授をCSCWにおけるアウェアネス研究の先駆者として引用し、アウェアネスを「分散環境において、周りに誰がいて、どんな活動をしていて、誰と誰が話しているか」と定義しています。

マサチューセッツ工科大学の石井裕教授はアウェアネスを「特別なコミュニケーションやコラボレーションは行わないが、互いがどんな状態にあるのか、何をしているかわかること」としています。一方、松下らはアウェアネスを「複数者がお互いに相手の存在を認知しており、その状態を知っている状態」と定義し、アウェアネスを共有する技術を「コンピューターを用いて他の人物（特に協働作業者）の存在・行動などを認識させ、そこから生じるコミュニケーションを支援する技術」と捉えています。本書では、アウェアネスを「複数者がお互いに相手の存在を認知し、状態や行動の情報を共有できること」と定義します。

日常的なオフィス環境では、誰かに話しかける際に、相手に今話しかけてよいかを確認する「様子見」の行為が行われることが指摘されています。リアルタイムの情報開示がメッセージに与える影響については、AT&Tのアレン・マイルスキー博士が電話発信における発信対象者の状況共有の効果を検証しています。PDAやPCアプリケーションに状況を提示し、相手の状況を知ることで電話がかけやすくなったと報告しています。

東京工業大学大学院の大学院生だった榊原憲氏は、リモート環境におけるアウェアネスインフォメーションがチーム作業に与える役割について研究し、ビデオ共有システムを利用することで、アウェアネスインフォメーションの提示がオンラインでのメッセージを増やす効果があることを報告しています。

写真の共有のような雰囲気を共有するプレゼンス情報についても、プラ

スの効果が期待されます。マイクロソフトのスコット・カウンツ氏らは、簡単な写真の共有だけでも、グループ内でのつながりや凝集性が向上することを報告しています。これは、写真共有システムを7組の家族などに提供し、グループ内のつながりや凝集性が有意に高まったことを示したものです。

Code for America のジェニファー・トム博士らは、気軽に写真を共有することで社会性に良い影響を与えると報告しています。30万人を超えるグローバル企業で交換されている写真を分析し、積極的に活用している17人へのインタビューを行った結果、職場での写真閲覧は、従業員が組織の価値と規範を理解するプロセスである文化変容を促す可能性があると示唆しています。

また、チームビルディングにも効果があるとされ、カーネギーメロン大学の大学院生だったジェニファー・マーロウらの研究では、学生を対象とした贈り物を選ぶタスクで、共通性を感じられる写真を共有した場合と、違いを感じる写真を共有した場合で、前者では利他的に、後者では利己的になると報告しています。

東京理科大学の高島健太郎講師はオフィスにいる労働者の存在感や状況情報である「アウェアネス」とは異なる概念として、オフィスのような「場」に存在する動的なコンテクストを「場のアウェアネス」と定義し、オフィスの状況を漫画的表現で伝え合うことで、コンテクストの共有を試みています。

このように、写真や状況の共有だけでも、人間関係にプラスの影響があることが示唆されています。アウェアネスが信頼にどのように影響するのかについて、テキサス大学のチュンーヤン・ジャング准教授は、コラボレーションシステム上で知覚できるさまざまなツールのアクション

や現在の作業に関する状況の知識をアウェアネスとし、その共有と信頼との関係を示しています。7チームの学生による13週間にわたる実験で、GroupAwareというソフトウエアを使って活動履歴やファイル操作履歴、ログイン状況と履歴などを共有することで、信頼の計測とアウェアネスの共有頻度の関係を示しています。

　本研究では「アウェアネス」の中でも、同じシステムを利用してメンバー一覧から存在を認知し、現状のシステムへのログインなどの利用状態を共有する情報として「プレゼンス情報」を取り扱います。プレゼンス情報とは、「複数者がお互いに相手の存在を認知し、システムの利用状態を共有する情報」と定義します。具体的には、システムへの現在のログイン状態や、鮮明ではない準リアルタイムの写真情報の共有などが該当します。このような限られた情報でも、メッセージを触発する可能性があります。例えば、他のメンバーがシステムにログインしている情報が共有されている場合、事前に予定されていないメッセージを送ってもメンバーからの返答を期待できるかもしれません。

▌プレゼンス情報の共有と信頼の関係

　アウェアネス情報の共有は信頼構築に影響を与えることが示されています。本研究で扱うプレゼンス情報は、ログイン状態の共有など、限定された存在感の共有です。この限られたプレゼンス情報が信頼と関係するかを検証します。もし関係が見られない場合には、アウェアネス情報に含まれる動画などの情報が信頼に影響を与えている可能性があります。

▌プレゼンス情報の取得

　C-WORKで、カメラを同時に利用したのは1チームだけでした。このため、カメラの総利用時間や同時利用のデータは分析に含めないことにしました。

■ プレゼンス情報の共有と信頼の関係の定量分析

　プレゼンス情報の共有と信頼の関係を検証します。検証に使用するデータは、作業後の信頼度と、C-WORKを利用した際のログです。ログには、ログイン情報とカメラ画像の交換という2種類のデータが含まれます。ただし、前述のように、特にチーム作業2回目ではカメラを利用したチームが1チームのみであったため、分析にはログイン情報のみを使用します。ログイン情報には、チームメンバーのログイン時間を合計した「総ログイン時間」と、2人以上のメンバーが同時にログインしていた時間である「同時ログイン時間」が含まれます。

　プレゼンス情報の共有と信頼の関係の検証には、信頼度の高いチームと低いチームに分けた上でのt検定および、チームごとの相関分析を行いました。

　まず、1回目のチーム作業でプレゼンス情報の共有と信頼の関係の検証を行いましたが、プレゼンス情報と信頼との間でt検定および相関分析において有意な相関は見られませんでした。しかし、相関係数では、信頼と同時ログインにおいて正の相関が見られました（0.294, p = 0.050）。

　次に、2回目のチーム作業でプレゼンス情報の共有と信頼の関係の検証を行いました。同様に、プレゼンス情報と信頼との間でt検定および相関分析において有意差は見られませんでしたが、相関係数では信頼と同時ログインに正の相関が見られました（0.326, p = 0.111）。有意差に基づいて判断すると、プレゼンス情報の共有と信頼の関係があるということは支持されませんでした。

プレゼンス情報の共有はメッセージ量に関係する

　プレゼンス情報の共有がメッセージのやり取りを活発化させ、それが信頼につながる可能性があります。ここまで、プレゼンス情報と信頼の直接的な関係を検証しましたが、今度はプレゼンス情報がメッセージを介して信頼にどのように関係するかを探ります。プレゼンス情報が偶発的なメッセージ交換を促進することで、信頼構築に間接的に寄与する可能性があります。

■ プレゼンス情報（在席情報）とメッセージの関係の定量分析
　プレゼンス情報（在席情報）とメッセージの関係について検証します。利用するデータには、プレゼンス情報とこれまで検証してきたメッセージの内容および感情を比較します。

　まず、1回目のチーム作業についてプレゼンス情報とメッセージの内容の関係を検証しました。C-WORKの総ログイン時間とすべてのメッセージ内容の間に有意な正の相関が見られました。また、同時ログイン時間とメッセージ内容の相関も調べたところ、総ログイン時間と同様にすべてのメッセージ内容で正の相関が見られました。したがって、1回目のチーム作業では総ログイン時間とすべてのメッセージに有意な相関が見られたため、プレゼンス情報とメッセージの内容の関係は支持されました。

　次に、2回目のチーム作業についてプレゼンス情報とメッセージの内容の関係を検証しました。C-WORKの総ログイン時間といくつかのメッセージ内容で有意な正の相関が見られました。ただし、同時ログインとメッセージ内容の相関については、1回目とは異なり有意な相関が見られませんでした。2回目のチーム作業ではほとんど相関が見られなかったため、プレゼンス情報とメッセージの関係は総ログインの一部においてのみ支持されました。

続いて、プレゼンス情報とメッセージの感情の相関について検証しました。1回目のチーム作業でプレゼンス情報とメッセージの感情の関係を検証したところ、総ログイン時間とメッセージの感情の相関において、ほとんどの感情で有意な正の相関が見られました。また、同時ログイン時間とメッセージの感情の相関についても、ほとんどのメッセージ感情に有意な正の相関が見られました。これにより、プレゼンス情報とメッセージの感情が関係するということは支持されました。

最後に、2回目のチーム作業でプレゼンス情報とメッセージの感情を検証しました。2回目の総ログイン時間とメッセージの感情の相関では、いくつかのメッセージ感情に有意な正の相関が見られました。同時ログイン時間と感情の相関については、状況の予定に関するポジティブ感情で有意な正の相関が見られました。

まとめると、1回目のチーム作業ではプレゼンス情報と各メッセージに有意な相関が見られましたが、2回目ではその傾向がほとんど見られませんでした。プレゼンス情報とメッセージの感情は総ログインの一部においてのみ支持されました。

作業の継続で信頼やコミュニケーションに変化が生じる

▌継続作業による信頼やコミュニケーションの変化

○**継続作業により信頼やコミュニケーションに変化が生じるのか**
　同じメンバーのチームで作業を継続することで、信頼やメッセージ、プレゼンス情報に変化が生じることが予想されます。

○継続作業により信頼の値に変化が生じる

　ヤルヴェンパーらの研究では、異なる継続チーム作業における信頼の変化を分析しています。本研究では、継続作業により信頼に変化が生じるかどうかを検証します。

○継続作業によりメッセージに変化が生じる

　チーム作業を継続することで、メッセージの量や内容に変化が生じることが考えられます。例えば、チームメンバーに慣れてくることで雑談が増える、業務の難易度によってメッセージ量が増えるなどです。また、信頼と関係するメッセージの内容や感情がどのように変化するかを検証します。

○継続作業によりプレゼンス情報に変化が生じる

　継続するチーム作業により、プレゼンス情報にも変化が生じることが考えられます。例えば、業務の難易度が上がるため、メッセージのやり取りや同時ログインが増え、総ログイン時間も増えることが予想されます。

○１回目の信頼が２回目のメッセージに影響を与える

　１回目のチーム作業で信頼が構築されることで、２回目のメッセージが変化する可能性があります。信頼があることで雑談などのメッセージが増えることが期待されます。これにより、信頼がどのようなメッセージの増加につながるのか、またそれが次の信頼にどう影響するかを検証します。

○１回目の信頼が２回目のプレゼンス情報に影響を与える

　１回目のチーム作業で信頼が構築されることで、２回目のプレゼンス情報の利用に変化が生じる可能性があります。例えば、１回目ではカメラを使用しなかったチームが、２回目でカメラを使うようになるなどの変化が考えられます。それがさらなる信頼構築につながるかどうかを検証します。

○継続作業による変化の検証
　上記のポイントに沿って、継続作業による変化を検証していきましょう。

○継続作業による信頼の値の変化の定量分析
　チーム作業の1回目と2回目で信頼にどのような変化があったかを分析しました。25チームの信頼の平均値を見ると、1回目は3.556、2回目は3.582と、わずかに上昇していることがわかります。しかし、t検定の結果、この変化には有意差が見られませんでした（p = 0.9017）。

　チームで作業を続けることで、メンバー同士の理解が深まり、その結果として信頼が高まると考えられます。しかし、実際には信頼が低下したチームもあり、全体として有意な上昇は確認されませんでした。コミュニケーションを取り合う過程で、状況によって信頼が上下することは自然なことであり、単に同じチームで継続的に作業するだけでは、必ずしも信頼を高めるわけではないと言えます。

○継続作業によるメッセージの変化の定量分析
　2回続けてチーム作業を行った25チームのメッセージ内容の変化を見てみましょう。1回目の総メッセージ数は5049文であったのに対し、2回目には3790文へと減少し、すべてのメッセージ種類で減少が見られました。なお、2回目の作業は1回目よりも難易度の高い課題に設定していたため、特に業務に関するメッセージが増えると予想していました。しかし、実際には全体的にメッセージが減少し、特に状況や予定に関するメッセージで顕著な減少が見られました。特にこの状況予定のメッセージについては、1回目から2回目にかけて有意な減少が確認されました（p = 0.040）。

　次に、チーム作業1回目から2回目にかけてのメッセージ感情の量の変化を検証しました。文種別に感情の差を見てみると、1回目から2回目

にかけて増加しているものもありました。特に、業務に関するメッセージのポジティブ量、作業に関する雑談のネガティブ量、そして全文におけるポジティブ比が増加していました。

　一方で、チーム作業1回目と比べて2回目では、状況メッセージ全体のネガティブ量（p = 0.038）と状況予定のメッセージのネガティブ量（p = 0.026）に有意な減少が見られました。

○ 継続作業によるプレゼンス情報の変化の定量分析結果
　2回続けてチーム作業を行った25チームのプレゼンス情報の変化は、チーム作業1回目から2回目にかけて、プレゼンス情報の共有が全体的に減少しており、特に同時ログインにおいて有意な減少（p = 0.031）が見られました。これは、チームメンバーが作業に慣れてきたことで、課題が難しくなっているにもかかわらず、作業時間とコミュニケーションの時間が減少したことを示していると考えられます。同時ログイン時間の有意な減少は、コミュニケーションの効率化が進んだ可能性を示唆しています。

○ 1回目の信頼が2回目のメッセージに影響を与える定量分析
　1回目のチーム作業での信頼が、2回目の自身に関する雑談に影響を与えたかどうかを、交差遅れモデルを用いて検証しました。このモデルでは、「信頼1回目」から「雑談自身2回目」への交差遅れ効果が統計的に有意（0.5%水準）であることが確認されました。一方、逆の「雑談自身1回目」から「信頼2回目」への影響は有意ではありませんでした。したがって、「信頼1回目」から「雑談自身2回目」への因果効果（0.42）がある可能性が示唆されます。モデルの適合度も良好で（X^2 = .851, n.s.; GFI = 0.983; AGFI = 0.829; CFI = 1.000; RMSEA = 0.000）、1回目の信頼が2回目のメッセージに影響を与えるのはこのケースで支持されました。

次に、1回目の信頼が2回目のPN比（ポジティブ・ネガティブ比）に影響を及ぼしたかどうかを検証しました。この交差遅れモデルでは、「信頼1回目」から「PN比2回目」および「PN比1回目」から「信頼2回目」へのパスは有意ではありませんでした。ただし、モデルの適合度はRMSEAを除いて良好な適合性が認められました（X^2 = 1.393, n.s.; GFI = 0.973; AGFI = 0.726; CFI = 0.979; RMSEA = 0.128）。

さらに、1回目の信頼が2回目の自身に関する雑談のネガティブ比に影響を及ぼしたかを検証しました。このモデルでは、「信頼1回目」から「雑談自身ネガティブ2回目」への交差遅れ効果が統計的に有意（0.5%水準）であることが確認されました。一方、逆の「雑談自身ネガティブ1回目」から「信頼2回目」への影響は有意ではありませんでした。モデルの適合度も良好で（X^2 = 0.659, n.s.; GFI = 0.987; AGFI = 0.866; CFI = 1.000; RMSEA = 0.000）、1回目の信頼が2回目のメッセージに影響を与えるのは1回目の信頼から2回目の自身に関する雑談のネガティブ比において支持されました。

○ 1回目の信頼が2回目のプレゼンス情報に影響を与える定量分析

信頼とプレゼンス情報の関係について、交差遅れモデルを用いて検証を試みました。しかし、その結果、有意な効果は認められませんでした。

メッセージログによる定性評価の結果

定性評価を行うため、チーム作業1回目と2回目の信頼値の平均を算出し、その上位3チームと下位3チームを比較しました。この評価には、比嘉研究室の博士課程に在籍する5人に依頼し、4人から回答を得ました。ここでは、高信頼チームと低信頼チームのメッセージの特徴について述べます。

○ **高信頼チーム群の特徴**

　高信頼チーム3チームの1回目と2回目のメッセージを評価しました。高信頼チームの特徴として、効率的なメッセージのやり取りが挙げられます。この効率性を実現するため、状況や予定の調整と、時間を合わせた議論を行っていました。しかし、2回目になると必ずしも時間を合わせずに議論を進めることも見られました。また、雑談も交えられており、全体的にポジティブなメッセージが多く行われている印象を受けます。

○ **低信頼チーム群の特徴**

　低信頼のチームには、日程調整を試みても結局日程が決まらない、あるいは全く日程調整をしないという特徴が見られました。議論がなし崩し的に始まり、その後しばらくメッセージのやり取りが途絶えることもありました。雑談として仕事に関する知識を話すことはあっても、自分自身についての雑談や情報の開示をしない傾向があります。また、議論に参加する会話量が少なかったり、逆に話しすぎたりといったアンバランスさも見受けられました。

■ 継続作業における信頼の上下動とメッセージ

　1回目と2回目の信頼度の高さを基に、2回目までチーム作業を行った25チームを4つのカテゴリーに分けました。これらは、1回目も2回目も信頼度が高いグループ（HH）、1回目は高く2回目は低いグループ（HL）、1回目は低く2回目は高いグループ（LH）、1回目も2回目も信頼度が低いグループ（LL）です。信頼度の平均値を基に分割した結果、HHが9チーム、HLが6チーム、LHが1チーム、LLが9チームに分類されました。それぞれのグループでメッセージの内容や感情に差があるかどうか検定を行いました。等分散性の検証にはバートレット検定を使用し、等分散の場合はANOVAを、等分散でない場合はノンパラメトリック検定のクラスカルウォリス検定を用いました。検定対象は、1回目と2回目のメッセージの内容および両者の差異をグループごとに多重比較しま

した。ただし、LH については 1 チームのみのため検定対象から除外しました。

　3 つのグループに対する検定の結果、2 回目の PN 比率（p = 0.049）と 2 回目の雑談メッセージのポジティブ量（p = 0.045）で有意差が見られました。双方ともバートレット検定により等分散ではないと判定されたため、クラスカルウォリス検定を使用しました。

　これらの検定は 3 つのグループ間のノンパラメトリック分析による分散値の比較であるため、平均値の比較は必ずしも意味があるわけではありませんが、傾向を見るために平均値を掲載します。PN 比においては、HH が 5.79、HL が 2.88、LL が 3.24 でした。雑談メッセージのポジティブ量では、HH が 6.22、HL が 9.83、LL が 1.56 という結果になりました。PN 比において、HH は高い傾向にあるものの、LL は最低値ではなく、HL の方が低い結果となりました。また、雑談メッセージのポジティブ量では、HL が最も高く、次いで HH、LL の順となりました。HL では、PN 比の低さと 2 回目の信頼度の低さに相関が見られました。雑談メッセージのポジティブ量が最も多かったことから、1 回目の信頼によって雑談メッセージが増えたものの、不用意な雑談が信頼度を下げた可能性も考えられます。

　なお、Dann‐Bonferroni による 2 つのグループ間の比較では、2 回目における雑談メッセージのポジティブ量について、LL と HL の間で有意差（p = 0.049）が見られました。

○ **継続作業の分析総括**
　継続して作業を行わせることで、いくつかの点が明らかになりました。まず、メッセージ量の減少が挙げられます。2 回目のタスクはより高度な内容であったにもかかわらず、メッセージ量が減少していたことから、

チームがより効率的に仕事を進められるようになったと考えられます。特に減少が顕著だったのは、予定を調整するための状況メッセージです。1回目の作業でチームメイトについての知識が増えたため、予定の調整がスムーズになり、状況メッセージが減少したものと思われます。特に予定調整に関するネガティブなメッセージが減少しており、2回目の作業では「予定が合わない」といったネガティブな状況が少なくなったと考えられます。

プレゼンス情報についても、1回目から2回目にかけて大幅な減少が見られ、特に同時ログインの時間が有意に減少しました。この減少は、状況メッセージの減少と同様に、チームメイトに対する理解が深まったためとも解釈できますが、C-WORK の利用方法に課題があった可能性も示唆されます。この点については、4章7節で詳しく触れています。

1回目で信頼を構築できたチームでは、2回目の作業でも雑談の量が維持され、ネガティブな雑談も含まれていました。これは、ネガティブな内容でも安心して共有できる関係性が構築できたことを示しています。

一方で、1回目から2回目にかけて信頼が下がったチームでは、2回目の雑談メッセージのポジティブ量が、信頼を維持したチームや低信頼のままだったチームよりも多い傾向が見られました。ポジティブな雑談であっても、不必要な自己開示やうんちくと捉えられた可能性があります。

■ 継続・非継続の比較

1回目のチーム作業を終えた後、2回目の作業に進まなかったチームが存在しました。継続したチーム（25チーム）と継続しなかったチーム（20チーム）にどのような差があるのでしょうか。両グループについて、1回目の作業後の信頼、一般的信頼、メッセージ、プレゼンス情報の比較を行いました。

その結果、自身に関する雑談に有意な差が見られました（p = 0.042）。継続したチームの平均は 8.76 であったのに対し、継続しなかったチームの平均は 22.95 でした。また、感情面では、自身に関する雑談のニュートラル量が継続しなかったチームの方が多く、有意な差が認められました（p = 0.047）。このことから、1 回目の雑談は、場合によってはチーム作業を阻害する可能性があると考えられます。

　さらに、PN 比においても有意差が認められました（p = 0.046）。継続したチームの方が PN 比が高い傾向にありました。

　チーム作業を継続するかどうかについて、作業後の信頼には関係が見られませんでした。有意差が見られたのは雑談で、特に自身に関するニュートラルな雑談の量が多かったことがポイントです。初めから雑談を多く行うチームでは、面倒くささなどが生じた可能性があります。雑談に関する印象については、4 章 7 節のインタビュー内容を参照してください。

　PN 比については、継続するチームの方が高かったことがわかりました。これは、ネガティブと捉えられるメッセージが仕事の継続に影響を与えた可能性があると考えられます。

 インタビューによる分析

　本研究では、質的な分析を補完するために、特徴的な実験参加者に対してインタビューを行います。

■ インタビュー対象者の選定
　インタビューの対象者は、以下の基準で選定します。
　- 作業後に信頼関係の変動が大きかったチームや参加者

- 上記以外でも、アンケートの回答内容が信頼構築やコミュニケーションの観点で興味深く、詳しく話を聞いてみたいと判断した参加者

■ インタビューの方法
インタビューは、対面または音声通話で行います。事前に質問を用意しますが、インタビューの流れに応じて新たな質問を追加する柔軟な形式（半構造化インタビュー）を採用します。

■ インタビューの設計

○目的
インタビューの目的は、定量分析だけでは見えてこない実際のチーム作業におけるコミュニケーションやチームの様子を理解することです。

○方法
インタビューは、事前にいくつかの質問を準備し、対象者とのやり取りで出てきた話題を深堀する半構造化インタビュー形式で行います。対面またはSkypeを使用し、対面の場合は最長60分、Skypeの場合は音声のみで最長30分とします。報酬は、対面でのインタビューは交通費込みで5000円、Skypeの場合は1000円と設定します。インタビュー対象者は10人程度を予定しています。

○インタビュー項目
以下の質問項目をあらかじめ設定しています。
1. メンバーに対する考え方
   他のメンバー2人に対してどのような印象を持っているかを尋ねます。
2. コミュニケーションにおいて心がけたこと
   メンバーとのコミュニケーションで気になったことや発言時に気を

使ったことがあるかを聞きます。具体的には、発言の仕方、タイミング、頻度、言葉遣い、レスポンスのタイミングなどについて尋ねます。
3．アンケートからの質問
　　作業後のアンケートの自由記述で気になった点があれば、それについて質問します。
4．コミュニケーションツールについて
　　特にC-WORKについて、利用している場合はその使い心地、利用していない場合は利用しなかった理由を尋ねます。
5．匿名でのコミュニケーションについて
　　完全に初対面で匿名で作業を行うことについての感想や、カメラで顔を出すことへの抵抗感について聞きます。

○対象者の選定
　インタビュー対象者は、3回連続で同じチームで作業を行った参加者を選定します。

■ 実験参加者へのインタビュー
　この節では、インタビューの設計から実施状況、そして回答の要約を紹介します。インタビューは、対面またはSkypeを使用して9人に対して行いました。

○インタビュー対象者の選定
　本実験では、チーム作業を3回行った延べ33人がインタビューの候補者となりました。3回のチーム作業を通じて、ワーカーによって信頼の値が上がり続けたケース、下がり続けたケース、または上下に変動したケースが見られました。

　個人ごとの3回の信頼値の分散を算出し、分散が大きい実験参加者から順にインタビューの依頼を行います。これは、分散値が大きい場合、信

頼を獲得したり失ったりするような出来事があったと予想され、その要因を定性的にインタビューで探るためです。個人ごとの信頼値の最大分散は3.37、最小の分散は0でした。

インタビュー対象者は報酬支払いの都合上、クラウドワークスを経由して作業を依頼していた人に限られます。そのため、対象者は延べ29人となります。対面でのインタビューの場合は、交通費を含め、クラウドワークスのプロフィールで東京もしくはその近郊を登録している人が対象となります。Skypeでのインタビューの場合は、地域を限定しません。このルールに従ってリストを作成し、順に募集を行い、10人に達したところで募集を終了します。

○ **実験参加者へのインタビューの結果**
対面インタビューを2人、Skypeインタビューを7人、合計9人に対してインタビューを実施しました。アンケートの回答結果やC-WORKの使用状況を参考に、インタビューを依頼しました。

インタビューから得られた知見は以下のとおりです。

- 雑談に対する意識：一部の実験参加者は、仕事を早く終わらせるために雑談を好まないということがわかりました。
- 感情の抑制：仕事中に感情を抑えるよう意識している実験参加者もいました。
- C-WORKの利用：実験時の指示ではC-WORKの使用を推奨していましたが、メンバー間で利用しないことを決めているケースがありました。また、C-WORKの利用目的が不明だったため使わなかったという意見もありました。一方で、C-WORKで共有できるプレゼンス情報や「顔合わせ」が必要だという意見もありました。
- コミュニケーションの難しさ：人間関係が難しいチームでは、ビデオ

会議などを利用したいという声も聞かれました。
- カメラ利用の抵抗感：C-WORK を上手に活用しているチームもあったものの、カメラの利用には抵抗感があることが明らかになりました。

■ インタビューの分析

　検証の際、C-WORK があまり使われていないことに疑問を持ちましたが、インタビューによりその理由が明らかになりました。仕事の指示でログインを推奨していたものの、メンバー間で利用しないことを決めていたケースがありました。また、C-WORK の利用目的が不明であったため、使わなかったというケースもありました。

　一方で、最初の「顔合わせ」が必要だという意見もありました。C-WORK では提供される情報が不足していたため、利用の意図が不明だった可能性があります。さらに、人間関係が難しいチームでは、より豊かなメディアを使いたいという声もありました。

　C-WORK の使い方については、募集要項やその後の指示で簡単に説明を行い、GMSS にログインすると取扱説明書がダウンロードできるようになっていましたが、それでは不十分だったと考えられます。

　C-WORK をうまく活用しているチームもありました。しかし、一部ではカメラの使用に多少の抵抗感があったようです。一方で、オンラインでの仕事に慣れている人の中には「カメラの使用にあまり抵抗感はない」とコメントしていた人もいました。

　また、匿名での仕事に抵抗感はなく、むしろ匿名であるからこそ自由に発言できるという意見もありました。これは、ウォルサーらの研究に合致しています。一方で、匿名だからこそ相手が分からず遠慮してしまうとい

う意見も見られました。

　興味深いことに、最初に自己紹介を行ったチームはうまくいったという印象がありました。1回目の作業指示では自己紹介から始めることを推奨していたにもかかわらず、1回目に自身についての雑談が少なかったのは予想外でした。

　2回目のメッセージの内容と信頼構築の検証では、自分自身に関する雑談が信頼と関係することが示されました。しかし、作業を早く終わらせたいという理由で、雑談を好まない実験参加者もいることが分かりました。また、2回目のメッセージの内容で、信頼度が1回目は高く2回目で低くなったグループでは、作業に関する雑談が多かったことも影響している可能性があります。継続して作業を行わなかったチームのほうが、自身に関する雑談が多く、有意差が認められています。ソーシャル・キャピタルの醸成には雑談メッセージが重要とされていますが、そのタイミングと量によっては逆効果になる可能性が示唆されます。

　感情については、仕事なので抑えるようにしていたケースも見られました。

5 何が信頼に影響を与えるのか

信頼に影響を与える説明因子について

　本研究では、メッセージとプレゼンス情報を用いて信頼構築との関係を明らかにすることを目的としました。しかし、チームタスクを進める際には、役割分担や期日通りにタスクを仕上げたかどうかなども信頼に影響する可能性が考えられます。

　作業後のアンケートでは、仕事の満足度、納品物の実現度や完成度、自分と他者の貢献度、コミュニケーションの満足度、スケジューリング、進捗管理、役割分担など、13項目についても調査しました。そこで、チーム作業1回目のアンケートデータを用いてこれらの項目と信頼との相関を求めたところ、11項目で信頼と有意な正の相関が見られました。

　相関係数を見ると、信頼と最も高い正の相関を示したのはコミュニケーションの満足度で（0.834, p<0.000）、次いで他のチームメンバーの貢献度（0.688, p<0.000）となっています。先行研究では、高い信頼を構築したチームは自分の仕事以外への貢献があることが示唆されていました。しかし、本実験ではコミュニケーションの満足度がより高い相関を示していることがわかりました。ギデンズが述べるように、人格に対する信頼は応答と関与から成る相互性の上に築かれるという考えを支持する結果であり、コミュニケーションが信頼構築に重要であることを示唆しています。

■ 信頼とメッセージの内容との関係についての検証結果
　信頼とメッセージの内容との関係について、定量分析と定性分析（メッセージの確認とインタビュー）から総括します。

　信頼を含む社会資本の構築には雑談などのメッセージが必要とされています。しかし、1回目のチームタスクでは、高信頼グループにおいて予定を合わせる状況メッセージが多く見られました。これは、CSCWの研究

でも指摘されているように、オンライン環境下ではチームメイトの情報が欠落しやすいことが原因と考えられます。

　バーナードの「組織が機能する要件」に基づいて今回のチーム作業を考察すると、(3) の「共有化された目的」は「レポートの作成」という共通のゴールが設定されており、またクラウドソーシングサイトを通じて応募していることから、(2) の「協働しようという意思」もある程度持たれていると想定されます。しかし、(1) の「コミュニケーション」において、締め切りのある作業を完遂するために、いつディスカッションできるかという予定の共有は欠かせない情報です。予定を合わせる状況メッセージが多いことは、締め切りまでに何度か予定を合わせたミーティングが実施され、これが成果物の質を向上させ、信頼構築に関係していると推測されます。

　定性分析の結果、高い信頼を構築したチームでは、予定を立ててその通りに議論しているのに対し、低い信頼だったチームでは、予定の調整を行わないまま議論を始めたり、調整してもその時間に参加しないといった行為が見られました。先行研究でも、高信頼チームにおいては予定のメッセージがやり取りされていたことが指摘されており、本研究の実証実験でも定量的に検証できました。

　同じ状況メッセージでも、自身の現在の状況や役割分担のメッセージには有意差が見られませんでした。オンライン環境では、チームメイトの状況が見えにくいことが課題とされていますが、今回の作業ではその重要性が低かった可能性があります。また、役割分担については、予定を合わせるメッセージよりも多く交わされており、これは作業を遂行する上で「必要な」メッセージであるため、信頼の高低に関係なく行われていたと考えられます。

チーム作業遂行において、業務メッセージが最も多く交わされていました。先行研究でも業務メッセージを対象に分析が行われており、チーム作業の初期において業務メッセージの量が信頼と関係するとされています。しかし、業務メッセージはチーム作業を遂行する上で欠かせないため、本研究では信頼の高低に関わらず交わされており、信頼との関係は見られませんでした。

　1回目のチーム作業では、予想よりも雑談が少なく交わされていました。1度きりのチームであるならば、雑談よりも作業に関するメッセージが優先されたと考えられます。実際、インタビューでも雑談を好まないという意見が見られました。しかし、2回目のチーム作業では自身に関する雑談に有意な正の相関が認められました。2回目では、自身についての雑談が信頼構築を増進する効果が見られたのです。高い信頼を構築したチームでは、積極的に雑談が行われていましたが、低い信頼のチームでは雑談が許される雰囲気ではなく、仕事にまつわる知識の披露などを特定のメンバーが一方的に語っている場面が印象的でした。

　2回目のチーム作業における予定を合わせる状況メッセージは、1度同じチームで作業を行っているため不要になったと推測されます。実際、1回目から2回目のメッセージ量を比較すると、予定の状況メッセージのみ有意に減少していました。先行研究でも、高い信頼を構築したチームではメッセージのタイミングがパターン化することが示唆されており、本研究でも1回目の作業でチームメンバーのパターンが理解されると、次回から効率的に予定調整ができるようになったと考えられます。この段階になると、自身に関する雑談が信頼と関係するようになり、チームメイトとのプライベートな情報のやり取りがさらなる信頼につながったと考えられます。ジンメルは、信頼を「知と無知の中間状態」と定義しており、知識が増えることで信頼が増したものと言えるでしょう。

さらに、1回目の信頼が構築されると2回目の雑談の量が増える因果関係が確認されました。1回目で信頼関係を構築したことで、2回目では安心して自身の情報を共有できた可能性があります。インタビューからも、最初の自己紹介がその後のコミュニケーションを円滑にし、C-WORKの継続利用につながったケースも見られました。自身に関する雑談をうまくコントロールすることで、信頼構築につなげられる可能性があります。

　ただし、継続したチームのうち、1回目の信頼度が高く2回目で低くなったグループでは、雑談メッセージのポジティブ量が高い傾向がみられました。インタビュー結果からも、雑談を好まない実験参加者が少なからず存在したことが分かりました。また、2回目のチーム作業を継続できなかったチームでは、継続したチームに比べて自身に関する雑談が多く、有意差が認められました。雑談はソーシャル・キャピタルの構築や信頼増進に効果がある一方で、タイミングや量、内容のコントロールが必要であることが示唆されます。

　先行研究では、高信頼を構築したチームでは社会的会話が行われていることが指摘されています。本研究により、信頼やチーム継続に対する雑談の位置づけが明らかになったと言えるでしょう。

信頼とメッセージの感情との関係についての検証結果

　信頼とメッセージの感情について、定量分析および定性分析（メッセージの確認とインタビュー）から検証しました。1回目の実験では、PN比（ポジティブ・ネガティブ比）において有意な正の相関が認められました。重要なのはポジティブな表現の量ではなく、ポジティブとネガティブの比率が信頼と関係していた点です。メッセージの総量が多ければポジティブなメッセージもネガティブなコミュニケーションも増えることが予想され

ますが、その絶対量ではなく、ポジティブなメッセージの比率が信頼構築に影響を与えたと考えられます。匿名の分散環境でのチーム作業において、初回の作業では全体的にポジティブな表現が有効であるといえるでしょう。

2回目の実験でも、1回目と同様にPN比で有意な正の相関が認められました。2回目においても、ポジティブな表現が信頼構築に有効であると考えられます。また、PN比は継続するチームの方が高く、有意差が認められました。

一方で、自身についての雑談のネガティブ量において信頼と正の相関が見られました。自身に関する雑談で自己開示を行う際、ネガティブな内容の開示はリスクを伴います。それにもかかわらずネガティブな情報を開示したことで、チームメンバーに心理的安全性が生じ、信頼されていると感じられたと考えられます。ポジティブ心理学では「ポジティブさ」に着目されがちですが、ネガティブさについても考慮すべきであることが示唆されます。

1回目の信頼から2回目のPN比には関係が認められませんでした。ポジティブな表現は、ワーカーが元々持っている資質である可能性もあり、これについては継続的な研究が求められます。

また、1回目の信頼が2回目の自身に関する雑談のネガティブ量に影響を与えたことが確認されました。信頼が構築されているため、安心してネガティブな表現を行えたと考えられます。

❸ 信頼とプレゼンス情報との関係についての検証結果

　信頼とプレゼンス情報の関係について、定量分析と定性分析（インタビュー）から総括します。

　まず、この仮説を設定した背景について補足します。特に雇用型の分散チームにおいて、リアルタイムの動画を共有するツールが一般的になりつつありますが、お互いの状況をリアルタイムの動画で確認することの意味や必要性について検証した研究報告はほとんどありませんでした。本研究では、プレゼンス情報がコミュニケーションや信頼にどう影響するかを検証することを目指しました。

　本研究では、カメラの使用率が低かったため（同時利用は1チームのみ）、カメラ利用のデータは分析対象に含めず、ログイン情報のみを分析の対象としました。信頼とプレゼンス情報の関係については、1回目も2回目も有意な結果は得られず、これについては支持されませんでした。先行研究では、状況情報と信頼の関係が報告されていますが、本研究ではC-WORKの使用に課題があったと考えられます。なお、有意差は見られなかったものの、相関係数においては1回目、2回目ともに信頼と同時ログインの間に0.2以上の正の相関が見られました。

　特にカメラの使用が少なかった理由の一つとして、ツールでお互いの状況を見せることへの抵抗感があった可能性が高いです。これは、参加者の特性や、日本人特有の特性が影響している可能性があります。海外のクラウドソーシングプラットホームでは、ワーカーが鮮明な顔写真を載せることが一般的ですが、日本のプラットホームでは顔写真を載せないか、アニメのキャラクターを使用することが多いです。インタビューでも、カメラを使用するときは化粧をしなければならないため、深夜などには利用したくないというワーカーの意見が聞かれました。これらの状況がカメラの使

用を妨げた可能性があります。

　しかし、写真の共有だけでもグループ内のつながり形成に良い影響を与えるという先行研究もあります。本研究では、そのような環境の構築が難しかったため、プレゼンス情報を共有できるツールを効果的に使う方法が今後の課題として残ります。

　さらに、1回目で信頼を構築したとしても、2回目のプレゼンス情報には影響が認められませんでした。これは、プレゼンス情報の写真共有には、信頼以外の要素が必要であることを示唆しています。ログイン情報という限られた情報だけでは、信頼構築に寄与しなかったと考えられます。1回目から2回目にかけて、特に同時ログインの有意な減少が見られました。定性分析からは、高信頼を獲得したチームではC-WORKの同時ログインが高頻度に見られ、逆に低信頼のチームではほとんど同時ログインが見られませんでした。インタビューでも、C-WORKの使い方に偏りがあったことが明らかになっています。ただし、C-WORKの利用意図を理解したチームでは、その利用が続けられていたことも付記しておきます。また、有意差はなかったものの、信頼と同時ログインで0.2以上の正の相関が見られたことから、信頼と関係する可能性が期待できます。

　もしもC-WORKが筆者らの意図通りに利用され、多く使用されたにもかかわらず信頼と関係がない場合、状況の提示や公開の質的な不足が考えられます。どの程度のメディア情報量が信頼構築に必要かという課題は興味深いものです。

　また、画像や映像を使ったプレゼンス情報の共有が難しい状況で分散チームを構成し、信頼を構築する必要がある場合もあります。そのようなケースでは、本研究で得られたメッセージによる信頼構築の知見が活用できる可能性を示唆しています。

4 プレゼンス情報とメッセージの関係についての検証結果

プレゼンス情報とメッセージの関係について、定量分析と定性分析（インタビュー）から総括します。

1回目の実験では、プレゼンス情報の総ログイン時間および同時ログイン時間とすべてのメッセージ内容に正の相関が認められました。総ログイン時間と最も相関が高かったのは、状況メッセージの合計量（0.759, p = 0.000）、次いでメッセージ全体の量（0.709, p = 0.000）、業務メッセージの量（0.668, p = 0.000）、状況の予定に関するメッセージの量（0.658, p = 0.000）、挨拶のメッセージ（0.608, p = 0.000）でした。一方、作業に関する雑談では相関係数が0.4を少し下回る程度で（0.383, p = 0.009）、メッセージ内容の中で最も低い値となりました。

また、総ログイン時間とメッセージの感情の相関では、挨拶のポジティブ量（0.627, p = 0.000）と雑談全体のニュートラル量（0.611, p = 0.000）が0.6以上の相関を示しました。一方で、作業に関する雑談のネガティブ量（0.295, p = 0.050）と状況の役割に関するネガティブ量（0.234, p = 0.122）は0.3を下回りました。

本実験では、ワーカーに個人作業を行う際にもログインするよう依頼していたため、ログイン時間が長いほどコミュニケーションが多くなるのは当然ともいえます。作業に関する雑談のメッセージと低い相関が見られたのは、雑談よりも業務メッセージが優先されたためにばらつきが生じたと考えられます。感情表現については、挨拶のポジティブ量や雑談のニュートラル量との高い相関が見られ、頻繁にログインすることで挨拶が増え、特にポジティブな表現が増えた可能性があります。役割に関するネガティブ量との相関が低かったのは、協力的でないチームで役割の押し付けが発生した可能性があります。

同時ログイン時間については、状況の予定に関するメッセージ量（0.623, p = 0.000）と状況の役割に関するメッセージ量（0.616, p = 0.000）で正の相関が見られました。一方、自身に関する雑談のメッセージ量（0.349, p = 0.019）や状況の現況に関するメッセージ量（0.297, p = 0.048）では0.4を下回る結果となりました。同時ログイン時間と予定のメッセージの正の相関は、時間を合わせて議論し、その際に同時ログインが行われるためと考えられます。また、役割分担において正の相関が見られたのは、同時に議論する中で役割分担がうまく行われたためと考えられます。自身の雑談や現況のメッセージと相関が低かったのは、同時ログインが行われないことで自己開示や仕事の進捗報告が行われたチームと行わなかったチームがあったためと考えられます。

先行研究でも、簡易な状況情報の提示や動画による状況の把握がコミュニケーションを活性化することが指摘されています。本研究でもその結果を支持しており、メッセージの定性分析では、システムへのログイン情報を見て偶発的なコミュニケーションが発生していることが確認されました。

同時ログイン時間とメッセージの感情においては、状況の予定のポジティブ量（0.758, p = 0.000）、メッセージ全体のポジティブ量（0.726, p = 0.000）、挨拶のポジティブ量（0.710, p = 0.000）が0.7以上の相関を示し、すべてポジティブな感情表現と関係していました。同時にログインして議論を行うことで、ポジティブな感情表現が促進されたと推測されます。

2回目のチーム作業では、メッセージとの有意差のある相関が減少しました。プレゼンス情報の総ログイン時間と「メッセージ全体の量（0.493, p = 0.013）」「状況の予定のメッセージ量（0.546, p = 0.005）」「挨拶のメッセージ量（0.524, p = 0.007）」のみ正の相関が認められました。しか

し、相関係数が 0.6 を超えるものはなく、最も高い相関は状況の予定のメッセージ量でした（0.3888, p = 0.056）。同時ログイン時間との有意な相関は一切認められませんでした。1 回目では、ログイン時間が長いほどメッセージ量が多く、チームメイトがログインしていることがメッセージを促進している可能性が示唆されていましたが、2 回目では相関がほとんどなくなり、別の要因が影響していると考えられます。C-WORK の使用が減ったことが一因と考えられます。

　メッセージの感情においても、総ログインと 0.6 を超える相関は見られなくなりました。また、同時ログインに関しては、状況の予定のポジティブ量（0.417, p = 0.038）のみが有意な相関を示しました。予定を合わせることが 2 回目でも同時ログインに影響を与えたことが示唆されます。

　継続したチーム作業によって、プレゼンス情報がメッセージを促進し、さらに信頼に関係するという間接的な影響を期待しましたが、2 回目の結果を見る限り、その影響は少ないと考えられます。インタビューからも、C-WORK の利用意図がわからず、利用しないことをメンバー間で決めていたケースが見られ、C-WORK の利用状況に問題があったことが示唆されます。より統制された環境での実験が求められます。

　C-WORK を使用しなくなった要因の一つとして、タスクに対する相互依存性と状況変化要因が関係する可能性があります。本実験でのタスクは議論を行ってレポートを作成するもので、明確な役割分担と計画的な作業遂行が可能です。しかし、タスクの相互依存性が高く、他のメンバーの作業を待って進める必要がある場合や、状況が刻々と変化するタスクでは、メンバーがメッセージを送り合いたいときにメッセージのやり取りが可能かどうかという情報が効率的なチーム作業の推進に不可欠です。本実験では、プレゼンス情報がメッセージを促進するのではなく、予定を合わせるメッセージがプレゼンス情報の同時ログインを促すという効果が考え

られます。明確な役割分担と予定調整により、偶発的なメッセージ交換が不要となり、そのため 2 回目ではプレゼンス情報の交換が減り、メッセージとの関係性も減った可能性があります。

6 実験参加者募集方法

本章では、実験参加者の募集方法について述べます。

本研究における実験参加者の募集方法は、今後、実験参加者をクラウドソーシングで集めようという読者の参考になるかもしれません。従来の実験では主に学生を対象に行われることが多かったのに対し、本研究ではクラウドワーカーを利用することで、実験条件を統制しつつも、社会人を実験参加者として採用しています。しかし、クラウドワーカーを募集する際にはいくつかの課題がありました。本章では、クラウドワーカーを実験参加者として募集する際に、どのような点に注意すれば効率的に募集できるのかについて説明します。この内容は、実証実験にクラウドワーカーを利用する研究にとって参考になることを期待しています。

実験参加者の募集においては、さまざまな工夫を行い、最終的に100人以上を獲得することができました。その具体的な方法について、実験の経過に沿って詳細を記載します。なお、本研究で分析に用いているのは「本実験（3）」です。特に断りがない限り、「本実験」は「本実験（3）」を指しますが、本章では明確に区別するため「本実験（3）」という表記を使用します。

 パイロット実験

■ パイロット実験での実験参加者の募集

パイロット実験では、募集人数を合計で60人とすることを目指しました。チーム作業として、クラウドソーシングで人材を集めやすい分野であるWebページの作成を依頼しました。題材は大学と企業の共同研究を紹介するサイトです。内容は、研究の概要や成果を掲載するWebページとなります。実験参加者が自然なコミュニケーションを行えるよう、納品を

主目的とし、コミュニケーションログの取得やアンケートはその付随的な依頼と位置づけています。

　納品物の作成期間は1週間とし、チーム内でスケジュール調整を行い、開始日を設定します。開始日から1週間後が締め切り日となります。パイロット実験では、まずサンプルWebを使った本戦参加のためのコンペ形式で実施し、「サンプルWebサイト」を納品物として求めました。作成にあたっての注意点は、契約した実験参加者に以下の通り提示します。

〈作成していただくWebサイトサンプルについての案内文〉

　大学とメーカーの共同研究のサイトで、内容は研究の内容や成果です。題材は研究結果レポートですが、これを一般の閲覧者にわかりやすい表現で公開したいと考えています。

　主な閲覧者は、ユニファイドコミュニケーションに興味を持っている実務家および研究者、東工大のMOTの受験を検討している方を想定しています。

　作成イメージは「かっこよく、わかりやすいWebサイト」で、具体的な実現方法についてはみなさんにお任せします。1週間でできる範囲で自由に考えてください。まとまりや完成度より、工夫のあとやアイデア、発想、エディター・デザイナー・コーダーが協力したあとを評価します。作成するページは最大4ページまでとしてください。対象のブラウザーは、チームで決めてください。使用言語は問いません。

　使用するロゴマーク、写真等素材は支給します。他で登録されているデザインや商標の転用など、他社の知的財産権を侵すこと、他のクライアントへ既に提案した内容の転用などはご遠慮ください。

Webページ作成にあたって、共通の材料として以下の資料を開始3日前に提供します。これは、資料の読み込み時間などに差が出ないようにするためです。

- 共同研究報告書抜粋（5ページ）
- 日本テレワーク学会大会予稿（5ページ）
- 日本テレワーク学会大会予稿（6ページ）
- 上記資料に含まれる写真2点
- 研究室のロゴマーク

　成果物は以下の評価項目に基づき評価します。ただし、評価項目は実験対象者には公開しません。

- かっこよさ：色、レイアウト、形（20点満点）
- わかりやすさ：見出し、まとめ方、表現（20点満点）
- 網羅性：足りない情報の追加（20点満点）
- 見やすさ：色、レイアウト、形（20点満点）
- 創意工夫：ユニークな着眼、構成、表現（10点満点）
- 好み：個人の好みに合うか（10点満点）
- 減点：間違いや問題のある表現（減点点数の上限なし）

　評価は、筆者らや共同研究者など7人が行い、各評価者が個別のチームの成果物に対して評価します。その後、各チームの合計点を算出します。

　チーム編成にあたっては、Webページ作成のためにエディター、デザイナー、コーダーの3つの役割を設定します。エディターは筆者らから提供する資料をもとにWebページの文言を作成します。デザイナーはそれに基づいてWebページの設計を行います。コーダーはエディターの文

言とデザイナーの設計をもとに、Web ページを開発する役割を担います。

　各役割に均等な人数の実験参加者を募集し、パイロット実験では合計 60 人の募集を目指します。そのため、役割ごとに 20 人ずつ採用します。各チームは、エディター、デザイナー、コーダーが 1 人ずつの合計 3 人で構成されます。

■ パイロット実験の募集結果

　パイロット実験は、2014 年 2 月 11 日に募集を開始しました。2 回の募集を経て、最終的に 14 チームが契約成立しました。1 回目の募集では 9 チーム（27 人）を編成し、2 回目の募集では 5 チームを編成しました。2 回目のチーム編成後にも 5 人の応募があり、既存のチームを再編成した結果、合計で 15 チームを編成しましたが、最終的に 1 チームは成立せず、14 チームがスタートすることとなりました。

　応募総数は、募集内容の誤解や要件を満たさないものを除き、計 57 人でした。応募があっても契約が成立しなかったケースとしては、契約の連絡をしたものの返答がない、もしくは辞退の連絡があったものが挙げられます。チーム編成においては、チームの作業可能時間帯と作業可能時間数を合わせることを優先しました。また、人数の充足を優先したため、今回はカメラの使用を義務付けませんでした。

　契約後、タスクのスタート前にエディター 3 人が辞退、または契約解除となったため、2 チームで交代要員をアサインしました。しかし、その後もエディターが連絡を取れなくなったケースが 2 チームあり、最終的に 10 チームが 3 人でチーム作業を完了しました。

■ パイロット実験から得られた実験遂行上の課題と解決策

　パイロット実験を行った結果、本実験に向けて以下の課題が浮き彫りと

なりました。

まず、パイロット実験では、実験参加者の募集に困難がありました。より多くの対象者を必要とする本実験に向けて、募集の設計を変更する必要があります。例えば、Web ページ制作に関わるスキルを持つクラウドワーカーは、クラウドワークスの場合、約 2,000 人程度とされています。また、作業の役割が分かれているため、役割ごとに均等に集め、さらに作業可能時間を調整するのは困難です。そこで、本実験では、より多くの実験対象者を集めやすく、条件を合わせやすいタスクを検討します。

共同作業においては、メンバーの状況や状態が見られる環境がチーム作業の成功に寄与すると考えられます。しかし、パイロット実験では、C‑WORK へのログイン時間に比べ、カメラ画像の交換が少ないことが確認されました。理由の一つとして、画像共有への抵抗感が挙げられます。そこで、画像を加工してプライバシーに配慮するように C‑WORK を改修することを検討します。

また、C‑WORK にログインしたまま放置していると見られる実験対象者も存在しました。作業していない状態でのログインは、分析結果に影響を及ぼす可能性があります。さらに、コミュニケーションツールへのログインができないなどの問題もあり、その対応のために実験開始が遅れるといった事態が発生しました。これらの問題に対処するため、実験開始前にシステム環境の利用可能性を確認する手順を設けることを検討します。

パイロット実験では、実験者がチームの GMSS に属し、課題の資料提供やログインできないメンバーの状況報告を行うなどの役割を果たしていました。実験者の発言数は、最少で 79 文、最多で 179 文、合計で 1,332 文に達しました。一部のチームでは、さまざまな判断を実験者に求めたり、実験者を意識する発言が見られました。パイロット実験の分析にお

いては、実験者の発言を削除していますが、コミュニケーションツール内での発言自体が実験参加者に何らかの影響を与えた可能性は否定できません。そこで、本実験では、可能な限り実験者が介入しない方法を検討しました。

本実験

パイロット実験は、本実験を行う前に実験方法などの課題を洗い出すことを主な目的として実施しました。パイロット実験と区別するため、以降、実際の実験を「本実験」と記します。

本実験は大きく3回行っています。ただし、本実験（1）と本実験（2）はデータ取得などに不備があったため、解析を行わないこととしました。そこで、本実験（1）と本実験（2）を、本実験（3）を行うための課題抽出のプロセスとして位置づけます。

本章では、本実験（1）と本実験（2）の計画と結果、さらにそれを踏まえた本実験（3）の計画と募集の結果について記載します。

本実験（1）

パイロット実験で得られた改善点を踏まえて、本実験（1）を実施します。本実験（1）はさらに、本実験（1a）と本実験（1b）に分けられます。本節では、最初に行った本実験（1a）について説明します。

■ 本実験（1a）の計画
パイロット実験での課題を再度確認すると、以下の点が挙げられました。

- 実験参加者数が十分でない
- 実験者の介入が多かった
- C-WORK のカメラが利用されなかった
- とりあえず応募して音信不通になるワーカーが多い

これらの課題を解決するため、本実験（1a）では、作業内容や募集の文面、C-WORK の仕様を変更し、新たにフォーマット条件を導入しました。

まず、チーム作業内容を変更しました。パイロット実験では、Web 作成の作業では十分な実験参加者数を確保できないことが判明したため、作業内容をチームでのレポート作成に変更しました。クラウドワークスの会員数 26 万人のうち、「ライティング」カテゴリーに登録するワーカーは当時 8 万人以上（2014 年 11 月時点）であるため、多数の応募者が期待できます。応募者が増えることを見込み、チームの規模を 3 人から 4 人に増やしました。

レポート作成以外にも、アプリ作成やチームで行うゲームの実施などのアイデアがありましたが、アプリ作成は報酬額が高くなり予算に合わない、ゲームの実施は実業務から離れすぎるといった理由で却下となりました。

依頼するチーム作業のテーマは「クラウドソーシングを経営戦略的に活用している事例の収集」で、1 人あたり 1 事例、チーム全体で最大 6 事例とします。報酬額は 1 人あたり 1,500 円とし、優秀なレポートを書いたチームにはボーナスを支給することで応募を促進します。ボーナスの報酬額は、優秀レポート 2 万円（最大 4 人）、佳作 1 万円（最大 12 人）としました。

次に、募集の文面を変更しました。パイロット実験では、実験者の介入が多く、実験結果に影響を与える可能性がありました。そのため、本実験では実験者がなるべく介入しなくて済むように、事前に募集要項に詳細を記載することにしました。ただし、クラウドワークスの募集時に掲載できる説明文の文字数制限が 3,072 文字（2015 年時点）であるため、それを超えないようにしました。

　また、チームでの作業時間を合わせるため、より細かく作業可能時間を尋ねることにしました。具体的には、曜日ごとと祝祭日ごとに、午前、午後、18 時以降、20 時以降の 32 枠で作業可能時間を確認し、この情報をもとにチーム編成を行います。

　C-WORK の改修も行いました。パイロット実験では鮮明な画像を使用していましたが、C-WORK を利用したチームではカメラの使用者が少ないことが判明しました。遠隔作業やテレワークなどでも、自宅でのビデオ会議にカメラの使用が負担となることがあるため、本研究の目的である存在感の共有に焦点を当て、解像度の高い画像ではなく粗い画像で十分と判断しました。そのため、カメラ画像にブラインドのようなエフェクトを追加し、クリックでブラインド幅が変わる機能を用意しましたが、最終的には固定幅のブラインド状の重畳にしました。プライバシーを確保するため、他にもアバターとして画面の中央をアイコンで隠す案もありましたが、実装が困難であったため見送りました。

　さらに、フォーマット条件の採用を行いました。実験に際し、質の低いワーカー（募集文面をよく読まずに応募するワーカー）の採用を避けたいと考えました。パイロット実験では文面を読まずに応募し、その後音信不通になるワーカーが見られたため、募集文面を読んでいるかどうかのテストを簡単に行える仕組みを導入しました。

フォーマット条件とは、東京工業大学の大学院生であった沼田剛明氏らによる特にライティング分野におけるワーカー選定方法です。募集文面で指定された方法での返信を求め、それに従うワーカーの成果物の方が品質が高いという報告があります。本実験で用いるフォーマット条件は、コミュニケーションに使うツールが使用可能かどうかのテストを兼ねるもので、募集文面に記載したフォーマット条件として、チームでのコミュニケーションに使うツールに共通のIDとパスワードでアクセスさせ、その際に表示される合言葉を応募時に回答させる形式にしました。これにより、コミュニケーションツールを利用できないワーカーや募集要項を読まずに応募するワーカーを排除することができます。

▍募集結果の概要

　募集期間は以下の通りです。

- 2014年11月16日：募集開始
- 2014年11月18日：スカウト発信
- 2014年11月23日：延長して締め切り

　募集に対する反響は次の通りです。

- 閲覧数：2235件
- 気になるリスト登録：44件
- 応募/質問：9件

　特記事項として、女性向け情報サイトである「ウィメンズパーク」のサイトでも紹介されました。

▍応募状況

　クラウドワークスの担当者の協力を得て、約1000人にスカウトメール

を送信しました。閲覧数は 3000 人弱に達しました。

結果は以下の通りです。

- 応募者：8名（中には、普段クラウドワークスを使っていないものの、わざわざ登録して応募したワーカーもいました）
- フォーマット条件クリア：4名
- チーム編成：3チームを構成しましたが、8人しか集まらなかったため、1チームは2人編成となりました。

すべてのチームから提出物を審査しましたが、優秀と言えるレポートはなかったため、追加報酬は行いませんでした。

▎本実験（1a）の課題

予想に反して応募者が少なかったことが課題として浮上しました。筆者ら間で話し合った結果、次の仮説が導き出されました。

- 優秀なレポートが多くの報酬を得るという仕組みに対して、不公平感があり、応募をためらったのではないかという意見がありました。クラウドワークスの登録者の男女比は 1:1 であり、女性が半数を占めます。研究によれば、女性は競争的報酬を好まない傾向があるともされています。そのため、報酬の格差を減らすことを検討します。
- レポートの課題が難しすぎるのではないかという意見もありました。このレポートの課題は、大学院の講義でも使用されているもので、いわば「大学院レベル」です。そのため、難易度と報酬が釣り合わなかったのではないかという指摘が出されました。クラウドワークスの担当者からも、レポートの課題と報酬が合わないのではないかという意見がありました。

■ 本実験（1b）の計画と実施

　本実験（1a）の結果を踏まえ、本実験（1b）ではレポートの課題を「クラウドソーシングで困ったこと」と「その解決策」というテーマに設定しました。「困ったこと」800文字、「解決策」800文字の2セットをチームでまとめて提出する形式にします。ワーカーはクラウドソーシングを日常的に利用しているため、前回のレポート課題よりも身近であり、応募のハードルを下げる効果が期待できると考えられます。各チームで最大2セットまでの提出を可能としました。これは、チーム内で意見が合わなかった場合を想定したものであり、3セットにしなかった理由は、チームメンバーがそれぞれ執筆してしまい、チーム内でのコミュニケーションが起こらないことを防ぐためです。

　また、報酬額についても検討を行いました。2014年当時、クラウドワークスのサイトにはライティングに関する報酬のガイドラインが記載されていました（2019年には閲覧不可）。

○ クラウドワークスの案内
　大体1案件につき100文字〜1000文字程度、1文字0.1円〜0.8円程度

　800文字のレポート2セットで報酬は1,500円としました。この金額には、作業開始前の一般的信頼に関するアンケート回答と作業後の信頼に関するアンケート回答も含まれています。3人で執筆することを考えると、相場よりもかなり高い金額となります。

　今回の実験では、別のクラウドソーシングプラットホームであるランサーズも利用しました。ランサーズはクラウドワークスよりもサービス開始が早く、登録者数は日本最大規模です。2014年12月時点でランサーズの会員数は42万人で、そのうちライター登録者は8万人以上です。並

行して、クラウドワークスも引き続き利用しました。

また、ランサーズの担当者から、募集文面が長すぎるために応募が少ないのではないかという指摘がありました。そのため、募集文面の冗長と思われる部分を4割程度削減し、最終的に1796文字にしました。

本実験 (1b) では、ランサーズとクラウドワークスを合わせて6回の募集活動を行いました。その結果、2123回の閲覧、27件のお気に入り登録、33件の提案、26人の採用となりました。

募集の段階でワーカーからの質問により、以下の点に気づくことができました。

- ワーカーは想定作業時間がわかると応募しやすい
- ランサーズのシステムの問題点の洗い出しと対応策の検討ができた
- ワーカーの応募辞退の理由が判明した
- チーム作業に対する抵抗感がある
- 単価が安い
- 海外在住のため、共同作業する時間が合わない

本実験 (1b) の結果、26人を採用し、21人の参加者を得ることができました。ただし、フォーマット条件については、応募人数が少なかったこともあり、合否の考慮対象とはしませんでした。

提出されたレポートには優秀とされるものがなかったため、追加報酬は行われませんでした。なお、パイロット実験よりも応募人数が少なかったため、結果の分析は行いません。

■ 本実験（1b）で抽出された課題

　本実験（1b）を実施した結果、母集団の数が多いライティングを対象にしても、必ずしも応募につながるわけではないことがわかりました。ワーカーからの質問からも、日本のクラウドソーシングに登録するワーカーは、グループで行う作業を避ける傾向があるのではないかという見解も得られました。

　登録者数の多いランサーズにおいて応募者が極端に少なかったことから、さらに母集団の少ないカテゴリーであれば、より多くの応募は期待できないと考えられます。そこで、今後は応募者を増やすための方法を検討することにしました。

 ## 本実験（2）

■ 本実験（2）の計画

　本実験（1）の結果を受けて、実験参加者を拡大するために2つの施策を実施することにしました。1つ目は、クラウドソーシングプラットホームが提供するワーカー募集のための有料オプションの利用、2つ目は2段階募集の実施です。2段階募集の詳細については、4章に記載しています。

　クラウドソーシングプラットホームの有料オプションは、トップページの目立つ場所に掲載したり、100人にメールで告知するというものです。また、C-WORKの使用率の低さも課題として挙げられます。そのため、C-WORKを利用させる作業の検討を進めます。具体的には、C-WORKのシステムテストを行い、その結果をレポートにまとめる作業を依頼します。

本実験（2）では、チーム作業の作業設計を見直します。2段階募集の1段階目は、特定のサイトを読ませ、その上で課題文の間違いを指摘する問題です。この問題文はC-WORKに記載し、アクセスさせることでC-WORKの利用を促します。C-WORKへのアクセスIDとパスワードは共通とし、報酬は50円としました。また、募集文面には継続作業として1500円の依頼があることを記載しました。

　2段階目の作業は、GMSSおよびC-WORKのシステムテストです。チームで使ってみた感想や改善点を求めます。システムテストでは、C-WORKのカメラテストなど、複数人でないと画像の交換ができないため、カメラ利用が期待できます。なお、自由に意見を交換してもらうため、テストの手順などは規定しません。

▌本実験（2）の結果

　本実験（2）では、合計で103人の作業完了者を得ることができました。そのうち、2段階募集によって得られた作業完了者は96人です。しかし、実験後にC-WORKのログが取得できていなかったことが判明しました。そのため、本実験（2）のデータは分析には使用しないこととしました。

▌本実験（2）の2段階募集における応募者と辞退者の比較

　2段階募集により多くの実験参加者を集めることができましたが、辞退者も存在しました。そこで、辞退者に対して辞退の理由についてアンケートを実施しました。上位3つの理由は、時間の問題、チーム作業への抵抗感、スキル不足でした。

　また、応募者と辞退者の属性情報についても比較を行いました。属性情報はクラウドソーシング上で公開されている情報を利用し、分析対象は320人です。分析に使用した情報は、年代、評価件数、評価点数、性別、

最低時給、稼働可能時間、作業承認率、プロフィル画像の有無、登録日です。データは 2016 年 3 月 22 日に取得しました。

　応募者の群と辞退者の群を二標本コルモゴロフ・スミルノフ検定で検定したところ、評価件数において有意差が出ました。評価件数が 1 件以上のワーカーと 0 件のワーカーを比較したところ、評価件数が 1 件以上のワーカーは辞退する傾向がありました。また、作業承認率は t 検定で有意差が出ました。何らかのプロフィル画像を掲載しているワーカーは応募率が高かったです。辞退の理由に「チーム作業への抵抗感」を示した 7 人のワーカーについてプロフィル画像を確認したところ、全員がプロフィル画像を設定しておらず、デフォルトのままでした。

　これらの分析から、辞退者の傾向を次のようにまとめることができます。まず、「評価件数 1 件以上」のワーカー、つまりクラウドソーシングでの仕事に慣れているワーカー、または単純作業に重点を置くワーカーは、他の仕事と比較し、「時間の問題」または「スキル不足」を理由に辞退したと考えられます。また、クラウドソーシング上で他の人との関わりを避けるワーカーについては「チーム作業への抵抗感」が見られました。この傾向は「プロフィル画像をデフォルトのまま」にしているワーカーに特に見られました。

5　本実験（3）

■ 本実験（3）の設計
　（3）の目的は、より多くの実験参加者を用いて仮説の検証を行うことです。具体的には、100 人以上の実験参加者での検証を目指しています。実験は題材と実験者の違いから、大きく 3 回に分けて実施しましたが、

分析のための情報は一貫して扱えるように設計しました。つまり、実験は個別に設計しつつ、分析用のデータは共通に扱うこととしました。

■ 本実験 (3) に共通する項目

本実験 (3) では、100 人以上の実験参加者を用いた実験を目指しました。ただし、同じ課題で多人数を集めるのは難しいことがこれまでの実験からわかったため、複数の課題でも共通して評価できるような課題設定としました。

○ 共通項の具体策

クラウドソーシングを通じて雇用した実験参加者を 3 人 1 組の分散チームに編成します。チームには全チーム共通のコミュニケーションツールを提供し、コミュニケーションはチーム内のみで閲覧可能としました。他のチームのコミュニケーションは閲覧できません。分散チームに与える課題は、ディスカッションを行い、チームで 1 つのレポートを執筆することとし、レポートの文字数は 400 文字から 800 文字としました。募集のための軽微な作業については、レポートの文字数に制限を設けません。また、筆者らが読めれば提出のフォーマットは問わないとし、テキスト形式、ワード形式、PDF 形式などを受け付けます。スマートフォンしか利用できない場合には、クラウドソーシング上のメッセージに直接記載することも認めました。報酬は実験により 1000 円から 2000 円で、継続的な作業を行う場合には報酬を上げることにしました。軽微な作業の場合には 50 円から 500 円です。

○ 本実験 (3) での変更点

作業設計、コミュニケーションツール、分析に用いる情報について、以下のように見直しを行いました。

○チーム作業の設計

　実験参加者数を増やすため、実験参加者の再雇用を行います。作業内容やチームメンバーが異なる形で再雇用し、チームメンバーのうち1人でも継続作業への応募を行わず、同じチームで継続して作業を行えない場合には、新たなメンバーでチームを再編成し、作業を実施します。その場合、その作業はチーム作業の「1回目」として分析します。また、3人に満たないチームの場合は分析に利用しませんが、作業を完了させた場合には規定の報酬を支払います。

　本実験では、同じチームで継続して作業してもらい、そのコミュニケーションや信頼の変化を観察することを目的の一つとしています。そのため、作業設計も継続に対応できるものを考慮し、同様のテーマでより難易度が上がるものを検討しました。

○コミュニケーションツールの改良

　実験（2）では、C-WORKの利用終了時間のログが取得できていない問題が発生しました。そこで、ログアウトイベントのログだけでなく、10秒ごとにセッションが維持されているか確認する仕様に変更しました。この改良により、ログアウトイベントのログが取れない場合でも、10秒程度の誤差で終了状態を把握できるようにしました。

　また、PCの電源を切らず、C-WORKにログインしたまま放置していると考えられる実験参加者がいたため、30分ごとにログイン状態をチェックするようにしました。具体的には、最終操作から30分たつとログインを続けるかどうか確認するダイアログを表示し、継続操作がない場合にはC-WORKの接続を切断します。さらに、C-WORKへの投稿に気づかないという意見があったため、投稿があると通知音が鳴るようにしました。

○ 本実験（3）のテーマ概要
(a) クラウドワークス登録者の調査やテレワーク、従業員エンゲージメントなど、働くことに関するレポートを書かせるもの
(b) クラウドソーシングで起こる課題とその解決方法についてレポートを書かせるもの
(c) デザートサバイバルタスクと呼ばれるディスカッションを目的とした課題に対するレポートを書かせるもの

題材は異なるものの、チームメンバーの数やタスクのスタイルを統一することで、共通して分析することが可能としました。

■ 本実験（3）の結果

　本実験（3a-1）では、合計5回の作業依頼を行い、閲覧数は合計で3309人、2段階目の完了者は54人でした。なお、以前の実験参加者にスカウトを送っているため、1段階目は実施していません。本実験（3a-2）では、合計7回の作業依頼を行い、閲覧数は合計で2174人、1段階目の完了者は173人、2段階目の完了者は29人でした。本実験（3a-3）では、合計8回の作業依頼を行い、閲覧数は合計で1164人、1段階目の完了者は32人、2段階目の完了者は7人でした。

　本実験（3b）では、合計12回の作業依頼を行い、閲覧数は合計で4,971人、1段階目の完了者は586人、2段階目の完了者は50人でした。

　本実験（3c）では、合計9回の作業依頼を行い、閲覧数は合計で1435人、2段階目の完了者は159人でした。

　本実験（3）の募集状況を表に示しています。左列から順に、3種類の募集の区分、2段階募集の段階、チーム作業の題材、ワーカー1人あたりに支払う報酬金額、作業の募集開始日、すべてのチームの作業終了日、ク

ラウドソーシングプラットホーム上での作業依頼ページの閲覧数、該当作業への応募数、該当作業への採用数、該当作業の完了数、公開募集かスカウトによる非公開募集かを示しています。

募集時に検討すべき要件

本節では、クラウドソーシングでチーム作業を行う際に効果的な募集方法についてまとめます。

単独で行うタスクについては、本研究で実施したタスクよりも難易度が高くても、より低い金額で遂行できた実績があります。これは比嘉研究室の別の研究者によって実行されたもので、米国のクラウドソーシングサイトに登録しないと見られない情報を集めてもらうタスクです。英語が必要で、サイト登録というハードルがありますが、単独で行えるため、報酬は324円から540円に設定し、募集後すぐに230人の応募がありました。

一方で、本実験（3a）はクラウドソーシングについて同様の調査を求めるもので、チームで作業する点のみが前者と異なります。報酬は1000円と単独タスクの2倍以上ですが、結果として36人しか完了しませんでした。

このことから、クラウドワーカーがチーム作業を避ける傾向が見えてきました。しかし、チーム作業を行った実験参加者からは、「やってみたらよかった」という意見もあり、経験不足から応募しない可能性も考えられます。これを解決する方法を以下にまとめました。

■ 2段階募集

2段階募集は、ワーカーを集めにくいプロジェクト型の作業に対し、人

を集めやすいタスク型の作業を行わせ、完了者をプロジェクト型の作業へ誘導する方法です。詳細は4章で述べています。

■ 募集文面

募集文面が長いと、ワーカーが途中で読むのを諦め、閲覧数に対して応募数が伸びません。適度な量の文面が必要です。これは、本実験（1）でクラウドソーシングプラットホームのスタッフとの打ち合わせで判明しました。また、タイトルに報酬金額や作業量の目安を入れるのも効果的です。ワーカーは、どのくらいの報酬をどのくらいの作業量で得られるかに関心があります。

■ 募集開始日

第一段階に用いるタスク型の募集では、金曜日の夜に募集を開始すると比較的早く定員に達することが経験的にわかっていました。本実験（3）の16回分の募集データを検証した結果、閲覧数では金曜日開始が497.3回で最も多いことがわかりました。ただし、完了数では日曜日が若干多い結果となっています。副業兼業のワーカーが金曜日の夜からタスクを探して作業する行動パターンがあると考えられます。そのため、タスク型でワーカー数を多く求める場合は、金曜日の夜もしくは土曜日から募集を開始するのが良いといえます。

■ タスクの難易度

パイロット実験で行ったWebサイト作成では、特にコーダーにホームページ作成のスキルが必要で、ワーカーの募集が困難でした。また、レポート作成の作業では、ワーカーにとって難しすぎたため応募が少なかったようです。そこで、ワーカーが身近に感じられるテーマや社員教育に利用される普遍的なものに変更しました。クラウドソーシングを利用した実験を行う際には、タスクの難易度の設定が有効です。

これらの効果は、本実験（3）の応募数の差から明らかにできます。本実験（3a）と本実験（3bc）では実験者が異なり、前者は共同研究先、後者は筆者が行いました。両者に情報の共有を行っているものの、独自の方法も試行しています。その結果、全閲覧数に大きな差はなかったものの、前者の2回目までの完了数が39人であったのに対し、後者は107人と大きな違いが見られました。

おわりに

　本研究では、分散チームにおける信頼構築のためのコミュニケーションを分析することを目的に、社会人を対象に 3 人一組の分散チームを構成し、コミュニケーションデータを収集しました。データを利用可能な実験対象者は、インタビューを含め延べ 249 人でした。また、2 段階募集の第 1 段階や作業が完了してデータ利用ができない実験参加者を含めると、対象者の総数は 1589 人に達しました。

　分析の対象としたのは、メッセージの内容とメッセージに含まれる感情です。さらに、相手のログイン状況などを示すプレゼンス情報についても分析対象に含めました。

 総括

　本研究では、今後増加が見込まれる分散チームにおいて「信頼」を構築するために有効なコミュニケーションのあり方を検証しました。特に、クラウドソーシングを通じて実験参加者を採用することで、従来の研究では得られなかった新たな知見を得ることができました。

　従来の対面状況での研究では、雑談の重要性が指摘されてきましたが、本研究では継続する作業の分析を通じて、信頼構築には 2 つの段階があることがわかりました。チーム作業の 1 回目では、作業を進めるために予定を合わせる状況メッセージが信頼に影響を与えました。一度信頼が構築されると、その後の雑談の量が維持され、それが 2 回目の信頼にも影響を与えました。しかし、2 回目の作業では予定を合わせるメッセージが減少し、信頼には影響しませんでした。

対面状況では、相手の状況が見て取れるため、その状況を理解した上で雑談が行われ、信頼構築に寄与したと考えられます。一方で、本研究のようなオンライン環境では、「コプレゼンス」「アウェアネス」「メッセージ」が分解されており、特にコプレゼンスやアウェアネスは通信しなければ伝わらない情報です。2回目のチーム作業では、その状況を理解し、雑談へと移行したものと考えられます。

　全体のメッセージを見ると、チーム作業1回目と2回目のメッセージ量のうち、自身に関する雑談は有意水準に近いほど減少していました。作業についての雑談はほぼ変化がありませんでしたが、1回目で信頼が高いチームは、2回目でも雑談の量が維持されていました。それらのチームの雑談には、ポジティブなものもネガティブなものも多く含まれていました。

　一方で、クラウドソーシングで作業するワーカーは、効率的に仕事を進めることを好むため、雑談が必ずしも好まれないことがわかりました。したがって、どのタイミングで雑談を行うかが、分散チームで信頼を構築する上で重要です。最初のチーム作業では、雑談が必ずしも信頼構築に寄与するわけではなく、特に自身に関する雑談が多いチームでは、継続作業が行われないケースも多く見られました。

　継続するチーム作業からの示唆として、チーム作業1回目の信頼、2回目の信頼、そして2回目の継続作業のいずれにおいても、PN比の高さに相関関係がありました。業務メッセージが多い中で、作業に関するメッセージであっても、ポジティブな感情表現を意識することが信頼構築に有効であると考えられます。

　プレゼンス情報については、ログイン状況などをチームメンバーに知らせることで、雑談を含むメッセージや信頼を増幅させると考えられました

が、2回目ではその傾向が見られませんでした。プレゼンス情報の限られた情報量が問題だったのか、提供したツールの利用方法に問題があったのか、さらなる検証が必要です。

本研究では、クラウドソーシングを利用して実験参加者を募集し、社会人を対象に統制実験を行う新たな方法論を提案しました。この方法により、チーム構成や利用ツール、アンケートの取得、同じチームでの継続実験など、従来は難しかった統制実験が可能となりました。また、クラウドワーカーを用いたメッセージの分類や感情の推定など、コミュニケーション分析の枠組みの可用性も示しました。

この研究結果を活用することで、クラウドソーシングでチームを形成する自営型テレワークでは、オフラインを必要とせず、オンラインのみでの仕事遂行が期待できます。また、雇用型テレワークにおいても、完全に出勤を必要としない働き方を実現し、地理的・時間的に分散された人的資源を有効に活用することが期待できます。

 本研究の新規性と貢献

本研究の新規性と貢献について、重複する部分もありますが改めて述べます。

手がかりろ過アプローチでは、さまざまな社会的情報が欠落することが指摘されており、分散チームを対象とした先行研究でもこの点が指摘されています。その補完として、状況を共有するメッセージの重要性が定性的に分析されてきました。本研究では、完全なコミュニケーションログを利用して定量的な実証を行い、メッセージが2つの段階を経ることを明らかにしました。すなわち、最初のチームタスクでは、予定を合わせる状況

メッセージが信頼と関係し、その時間に議論を行うことが影響を与えます。チーム作業の2回目では、メンバーの仕事のパターンが共有されることで、予定を合わせるメッセージが有意に低下し、代わりに雑談が信頼と関係するようになります。さらに、1回目に信頼を構築した場合、2回目の雑談が増加する因果関係も認められ、信頼を維持するためのメッセージとして自身についての雑談の重要性が示唆されました。

また、ポジティブ心理学ではポジティブな側面が注目されていますが、本研究では2回目のチーム作業において、ネガティブな自身の雑談表現が信頼と関係していることを明らかにしました。さらに、1回目の信頼がこのようなメッセージに因果関係があることも示しました。これは、ポジティブな面だけでなく、ネガティブな要素にも注目すべきであることを示唆しています。

これらの信頼に対するメッセージの分析は、ワーカー同士で交わされるすべてのコミュニケーションログを収集し、継続的なチーム作業を実施する手法を提案・実行したことにより実現しました。つまり、クラウドワーカーを実験参加者として活用することで、実証が可能になったのです。

分散チームにおける信頼構築の研究では、従来、学生を対象とした実験室実験や社会人を対象とした場合、記憶に基づくデータを使用するなど、さまざまな課題がありました。既存の研究では、1回限りのチーム作業が一般的でしたが、本研究では、増加が期待されるクラウドワーカーを対象にチームで作業を行わせ、全てのコミュニケーションログを取得することで、先行研究の問題を解消しました。さらに、社会人を対象にした先行研究では、既に面識のあるメンバー同士であることから、初期の信頼構築を観察することが困難でした。本研究では、初対面かつ匿名のメンバーで構成されたチームにより、その分析が可能となりました。さらに、同じチームで継続して作業をさせることで、継続性と信頼構築の関係についても調

査することができました。

　また、メッセージの分類や感情推定にクラウドワーカーやクラウドサービスを利用できることを示しました。特に感情推定については、ツールに組み込むことで、実務においても自動的な分析が可能となるでしょう。

　このように、本研究の枠組みは、分散チームにおける研究で従来困難だった定量的な分析を可能にしました。さらに、実験を通じて従来の研究で定性的に述べられていたことを実証し、信頼に注目が集まる MIS や IS の研究分野への学術的な貢献を果たしました。また、クラウドワーカーにチーム作業を依頼する際の日本独自の問題点を明らかにし、その解決方法も示しました。これにより、今後日本のクラウドソーシングを利用して実験を行う研究に対して大きな貢献となるといえます。

 発展研究

　本研究では、実験参加者の募集の観点から、母数の多いライターを対象としました。働き方改革が政府主導で進められ、副業や兼業が解禁される流れの中で、クラウドソーシングの登録者数も増加しています。今後、実験対象者の確保が可能であれば、他の分野におけるチーム作業でも、コミュニケーションが信頼構築にどのような影響を与えるかを分析できるようになるでしょう。

　また、総括でも述べたように、本研究で利用した枠組みを実務に応用することで、自営型テレワークのみならず、雇用型テレワークにおいても分析が可能となります。例えば、各都市に支店がある企業では、顔を合わせることなく分散チームで仕事を進めるケースが考えられます。このような状況でも、本研究と同じ枠組みを用いることで、メッセージ内容の分析を

クラウドソーシングを利用して進めることが可能です。さらに、感情の分析についてはシステムに組み込むことができ、実務で使用するチャットシステムやメールなどの解析を自動的に行えるようになります。

本研究の制約でも述べたように、対象としたメッセージはテキストのみです。現在のテレワークでは、電話やビデオチャットなどのコミュニケーション手段が日常的に使われています。音声や動画のデータはこれまで定量的に扱うのが困難でしたが、音声認識技術の向上により、音声をテキスト情報に変換することが可能になりつつあります。音声をテキストに変換したうえで、同じ枠組みを利用して解析することが今後の課題となるでしょう。

また、継続作業において、45 チーム中 20 チームが継続できなかったという結果がありました。参加者の減少を防ぐことは、新たな課題として解決が求められる点です。

 本研究の応用

▌分散チームの管理者

分散チームの管理者は、チームの信頼を高めるためにファシリテーションの技術を応用できます。まず、信頼を構築するためのコミュニケーションを促進し、チーム内でその基盤を築くように調整します。その後、チームが信頼関係を形成した段階では、メンバーが自己開示しやすい環境を整え、さらに信頼を深めるサポートを行います。これにより、信頼の高い分散チームを構築することが可能となります。

■ 人工知能（AI）による表現の修正

　分散チームがテキストでコミュニケーションを行う場合、AIを活用してツール内で表現を修正する方法も考えられます。具体的には、投稿されたメッセージの内容をそのままに、よりポジティブな感情表現に変換して投稿するというものです。

■ AIによるスケジューリング

　分散チームにおいてスケジュール調整がされていない場合、AIがそれを検知し、スケジュールの調整と実行を促すことが有効です。各メンバーのスケジュールが公開されている場合には、AIがその情報をもとにスケジュールを調整することも可能です。さらに、スケジュールが確定した後には、予定通りに実行されるようにリマインドを行うことも有効でしょう。

■ コミュニケーションの取り方に関する社員教育

　分散して働く社員向けに、コミュニケーションに関する教育を行うことも検討できます。本研究で得られた知見を活用し、どのようなコミュニケーションを心掛けるべきかを指導することで、チームの連携や信頼構築を促進できるでしょう。

プロフィール

新西 誠人（しんにし まこと）

多摩大学経営情報学部経営情報学科専任講師。
多摩大学経営情報学部経営情報学科卒業。
慶應義塾大学大学院政策・メディア研究科修士課程修了、修士（政策・メディア）。
東京工業大学大学院イノベーションマネジメント研究科博士後期課程修了、博士（技術経営）。
NTTサイバースペース研究所、リコー研究開発本部、リコー経済社会研究所などを経て2022年4月より現職。

テレワークで働くチームの
信頼を深めるコミュニケーション術

著　者：新西　誠人

発行日：2025年3月30日　初版第1刷

発　行：多摩大学出版会
　　　　代表者　寺島実郎
　　　　〒206-0022
　　　　東京都多摩市聖ヶ丘4-1-1　多摩大学
　　　　Tel　042-337-1111（大学代表）
　　　　Fax　042-337-7100

発　売：ぶんしん出版
　　　　東京都三鷹市上連雀1-12-17
　　　　Tel 0422-60-2211　Fax 0422-60-2200

印刷・製本：株式会社 文伸

ISBN 978-4-89390-223-8
ⓒ Makoto Shinnishi 2025 Printed in Japan

本書は、著作権法上の保護を受けています。本書の一部あるいは全部を無断で複写・複製、転記・転載することは禁止されています。乱丁・落丁本はお取り替えします。